ルポ 京アニ放火殺人事件

朝日新聞取材班

朝日新聞出版

青葉真司被告に死刑判決が言い渡された翌日の2024年1月26日午後。記者は被告の話を聞くために、大阪拘置所（大阪市都島区）の面会室にいた。

大やけどを負い、皮膚の移植手術を繰り返した青葉被告の右目は、目尻が少し下がっていた。その目を大きく見開いて、記者をじっと見据える。

面会に立ち会う男性刑務官がタイマーをセットした。「20分」の表示が見える。「それでは始めてください」

マスクを着用していた青葉被告の口元は覆われていて、言葉を発する口の動きはわからなかったが、少しこもった、低い声で語り始めた。

そして記者は、意外な言葉を聞くことになる――。

はじめに　なぜ事件は起こったのか

青葉被告（当時41歳）は2019年7月18日午前10時半ごろ、京都アニメーション（京アニ）の第1スタジオ（京都市伏見区）の正面出入り口から侵入し、バケツに入れたガソリンを1階中央フロアで社員に浴びせかけるなどして放火。3階建てのスタジオを全焼させ、当時70人いた社員のうち36人を殺害し、残る34人も殺害しようとし、うち32人に重軽傷を負わせたとされます。殺人や殺人未遂、現住建造物等放火などの罪に問われました。

京都地裁で行われた裁判員裁判は、23年9月に始まりました。青葉被告は当初、事件当時の心境を問われ、「一言で言うとヤケクソという気持ちだった」「やりすぎたと思っている」「怒りが先行していた部分があり、短絡的に考えていた」などと述べ、明確に謝罪と受け取れる発言はありませんでした。事件を起こした日付を間違えて答える場面もありました。

裁判には多くの遺族や負傷者も参加し、事件で犠牲になった宇田淳一さん（当時34歳）の妻は法廷で声を震わせながら、こう訴えました。

「1歳4カ月だった娘は、いっぱいおしゃべりをして、絵を描くようになり、自転車に乗るようになりました。夫は、一緒にこういう時間を過ごしたかったんでしょう。幼い子どもから父を奪ったことを忘れないでほしい」

栗木亜美さん（当時30歳）の母親も法廷に立ち、「本当に自慢の娘でした。娘を返してと、叫びたい気持ちでいっぱいです」と声を絞り出しました。

兼尾結実さん（当時22歳）の母親は被告を数秒間にらみつけた後、こう語りました。

「なぜこんな目に遭わなければならなかったのか。こんな幼稚で独りよがりな男の思い込みで、たくさんの人の命が奪われました」

◆◆◆

裁判では、青葉被告の責任能力の有無や程度が争点となりました。検察側は「日本の刑事裁判史上、突出して多い被害者数。地獄さながらの状況にさらされた被害者の恐怖と絶望感は筆舌に尽くしがたい」と述べ、死刑を求刑。弁護側は犯行に妄想が大きく影響していたとし、心神喪失で無罪か、著しい心神耗弱で減刑すべきだと反論しました。

23回にわたる裁判で、青葉被告や関係者の捜査段階の供述調書が読み上げられ、被告人質問が何度も行われました。公判でのやりとりや取材などを通して、青葉被告の育った境遇や職を転々とした派遣労働時代、小説家を目指して挫折した経緯などが次々に明らかになってきました。

しかしながら、青葉被告の言葉には妄想が含まれていて、供述をそのまま事実と捉えられない部分もあるとみられます。

「そんな青葉被告の言葉を克明に紹介する必要や意義はあるのか」「言い分を一方的に報道することになり、ご遺族やご負傷者を傷つけないか」。取材班では何度も議論をした上で、このルポをお届けすることにしました。

なぜ事件は起こったのか。事件を防ぐことはできなかったのか。それを知る手がかりがあるかもしれない。そう考えたからです。

第1部（第1章・第2章）では、青葉被告の生い立ちと事件に至る経緯を描きます。

第2部（第3章〜第5章）は、裁判の中で被告が何を語り、それを取材記者や遺族、負傷者がどう感じたのかを紹介します。第3章では、青葉被告が大阪拘置所で朝日新聞記者との面会に初めて応じた際の様子も紹介します。

第3部（第6章）では、「青葉被告とは何者だったのか。そして、同じような事件を繰り返さないためにはどうすればいいのか」を6人の識者とともに考えます。

本書は朝日新聞の報道をまとめ、加筆、修正、追加取材をして書籍化したものです。本書に登場する人物の年齢、肩書などは掲載当時のものです。

ルポ　京アニ放火殺人事件　目次

第2部　証言の記録

第3部 社会に突き付けられた課題

装丁　柳沼博雅（GOAT）
本文デザイン　鈴木愛未（朝日新聞メディアプロダクション）

第1部
事件に至る経緯

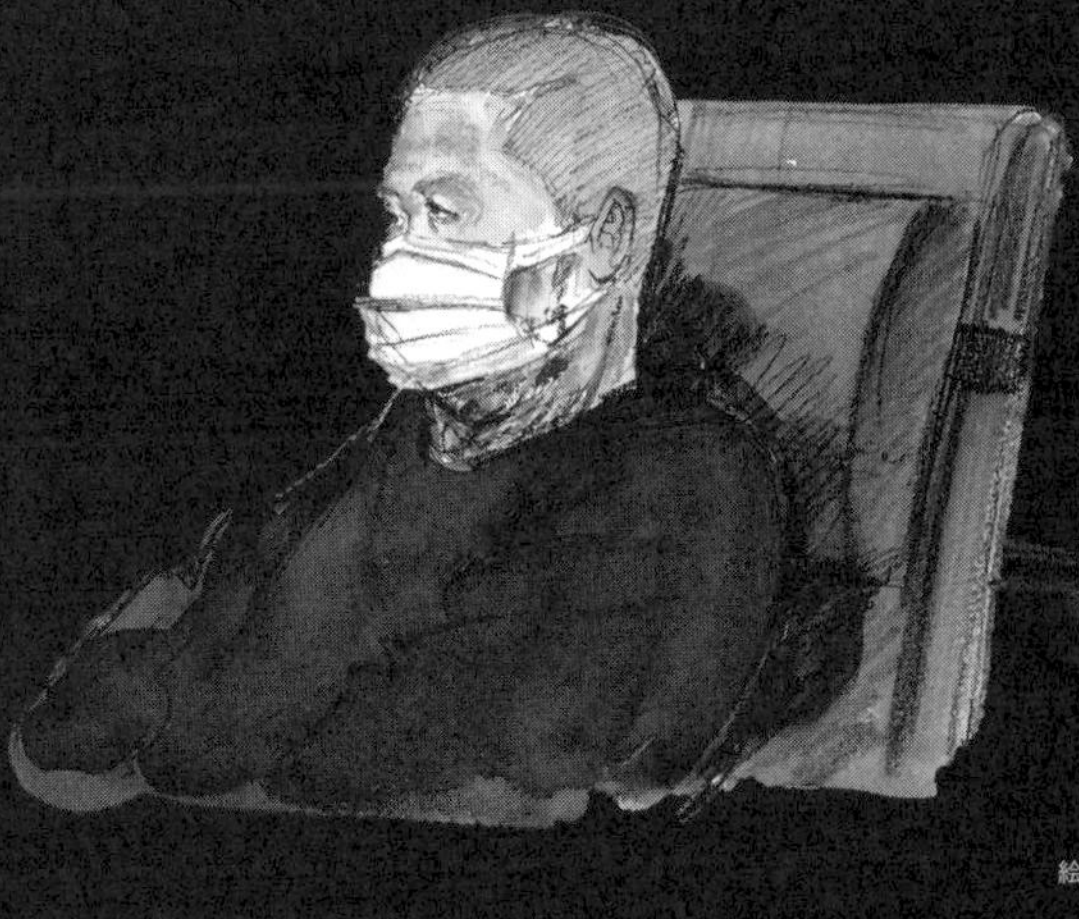

絵：岩崎絵里

第1章
青葉被告の生い立ちから

第1部では、青葉真司被告の供述や周辺取材を通して、事件に至る経緯に迫ります。青葉被告は、なぜ凄惨《せいさん》な事件を企図するようになったのでしょうか。第1章では、事件当日の動きを追ったのち、その生い立ちの中に手がかりを探ります。

1.【事件当日】十数分間の逡巡の果てに……

《自分の人生はあまりに暗い。京アニは光の階段を上っているが、自分はこの10年間いろいろあった。郵便局をクビになり、コンビニ強盗をして刑務所にも行った。自信作の小説を応募したものの、たたき落とされた。その小説の内容を京

アニにパクられた。思いを寄せていた京アニの女性監督に犯罪歴も知られていた。どうしても許せないのは京アニだ》

青葉被告は京都アニメーション・第1スタジオそばの路地に座り込んでいた。頭を抱えたまま10分余り、半生を振り返った。

脇に置いた台車には、ガソリン計40リットルの入った携行缶二つを載せていた。ガソリンをまいて放火する発想は、従業員5人が死亡した2001年5月の消費者金融「武富士」弘前支店での事件を覚えていたからだ。

《事件を起こすことは8カ月前から念頭にあった。踏みとどまれたのは、自分のような悪党でも小さな良心がどこかにあったからだ。それに訪問介護の人も来てくれていた。人とのつながりがあったので、事件は起こさなかった》

しかし、やっぱりここまできたらやろう、そう思った。

ガソリンをバケツに10リットルほど移し替えた。

第1スタジオの入り口のドアが開いているか確かめるために中へ。いったん外に出てからバケツを持ち、6本の包丁を隠したかばんを肩に掛けて再び中に入った。

入り口の近くに、絵を描いている男性が見えた。距離は1メートルほど。右手を振り上げ、ガソリンをまいた。その人にも掛かった。驚いた表情で「何するんだ！」と言われた。

その奥にいた女性2人が「なに？　なに？」と言っていた。

「死ね！」

ズボンのポケットからライターを出して火をつけた。

2019年7月18日午前10時半すぎ

──119番京都市の消防です。火事ですか、救急ですか？

「たぶん、どっちもやと思うんですけど」

「爆発音があって煙が出ています」

「悲鳴が聞こえてて」

――炎とか見えるんですか？

「見えないんですけど、煙だけ見えてて、悲鳴が聞こえてて今やんだんですけど」

――無理ない程度で情報を教えてもらいたいんです。

「けが人めっちゃいます。血出たはる人」

「1階がたぶん燃えてます」

「2階、3階も燃えてると思います。すごいことになってます。周りにも燃え移りそうです。爆発音がまだ何回か聞こえています」


2019年7月18日午前10時半すぎ。京都市消防局は、近隣住民からの119番通報で、京アニ第1スタジオ（京都市伏見区）の大規模な火災を覚知した。通報は計22件。いずれも切迫した状況を伝える内容だった。

◆　◆　◆

第1スタジオの2階の自席でいつも通り仕事をしていた被害者の一人は、「ギャー」という女性の声が聞こえた瞬間、イヤホンを外して振り向いた。らせん階段から白い光が見え、「ボン」という音とともにキノコ雲のような黒い塊が上がってきた。

何が起きたのかわからず体が固まってしまったが、火事だ、と思って机の下のかばんを手に取った。周囲の社員たちと同様に、小走りで階段に向かった。しかし階段から煙が上がってきたため、人々が引き返してきた。

握り拳一つ分、窓が開いているのが見えたので、ベランダから逃げようと考えた。しかしスライドさせるタイプの窓はそれ以上開かなかった。煙が迫ってくる。パニックになった。後ろから「早く開けて！」という女性の声が聞こえた。

煙を吸い、苦しくなってその場にしゃがみ込んだ。わずかな窓の隙間に顔をつけて息を吸い込んだ。この頃には建物の電気は消えて真っ暗で、女性スタッフの「キャー」「ワー」という声が聞こえていた。

しばらくして、頭上で「パン」という音が聞こえた。窓の真ん中が割れていた。熱で割れたのだろう。急いで立ち上がって手やかばんでガラスを払いのけてベランダへ。はしごを使って下りた。近所の人から「まだ中に人がいるのか」と聞かれたので「40〜50人はいると思う」と答えた。「爆発するかもしれないから逃げろ」と言われて避難した。

救助にあたった京都市消防局職員は、公判で明かされた供述調書で次のように振り返っている。

「午前10時48分に到着した時にはすでに多数の隊員が走り回っていた。車両は近くまで入れず、住宅街の道路に止めて現場まで走った」

「私が視認できる範囲で、座り込むなどしている7、8人がいた。髪や服、皮膚が焼けただれていて、近所の人が励ましていた。昼間の火災にもかかわらず、現場の3階建ての建物は窓から炎や黒煙が出ていて、普通の火事ではないことが容易にわかった」

「やけどがひどい人、出血している人、ショックで目も開けず声をかけても何も答えられない人もいた。現場は怒声が飛び交い、大混乱だった。35年消防官を続けているが、これほど凄惨な現場は初めてだった」

警察官に「お前らが全部知ってるんだろ」

同じ頃、京アニ前の路上では、仰向けに倒れていた青葉被告に対して警察官が声を上げていた。

――なんでやった？　おい、言わなあかんぞ。言え。

「パクられた」

――何を？

「小説、小説」

――何で火をつけたんや？

「ガソリン」

――どこで買った？

「ガソリンスタンド」

――火をつけたものは？

「チャッカマン。何度も言っただろ」

――あそこは知っとる場所か？

「知らねえよ」

――全く関係ないところか？　知らなきゃやらないだろ。

「お前らが知ってるだろ」

――何人もけがをしている。あなたには言う義務がある。

「お前らが全部知ってるんだろ、全部知ってるんだろ」

――ガソリンはどれくらいまいたんや？

「…………」

——おーい、頑張って言え。

青葉被告はそのまま身柄を確保された。
やけどは全身の9割以上。皮膚の移植手術などを繰り返し、意識が戻ったのは約1カ月後。約10カ月の入院治療後に逮捕された。

2.【幼少期】親の離婚、そして貧困

JR浦和駅から車で15分。「越谷街道」と呼ばれる国道沿いの古い住宅地の一角に、新しい戸建てが2棟並んで立つ。ここに5年ほど前まで、4世帯のこぢんまりとした2階建てアパートがあった。青葉被告が幼少期を過ごした場所だ。

1978年5月16日。青葉被告は埼玉県浦和市（現・さいたま市）で、トラック運転手の父親と、専業主婦の母親との間に生まれた。

2学年上に兄がいて、のちに妹も生まれた。

この年、芸能界では人気グループ「キャンディーズ」が解散する一方で、サザンオール

スターズが「勝手にシンドバッド」でメジャーデビューした。

「家庭内暴力」「サラ金地獄」「窓際族」――。暗い話題が世の中を覆った時代でもあった。

母親によると幼い頃の青葉被告は、「かわいらしい元気で活発な子だった」「手がかかる子ではなかった」「成績は普通」。手伝いをして、「お母さんやったよ」と得意げに報告することもあったという。

兄とファミコンで「ドラクエ」などに興じ、アニメ「ドラゴンボール」に夢中になった。「三国志」をゲームで知り、吉川英治の小説を何冊も読んだ。大人になってから自作する長編小説に「諸葛亮孔明」をモデルにした軍師が登場するのは、その影響かもしれない。

同じ頃、父親がマイクロバスを借り、軽井沢にある母親の友人の別荘に、家族5人で遊びに行ったことがある。両親が離婚する前の楽しかった思い出だったのだろう。公判で振り返る語り口は滑らかだった。どこにでもいる小学生――。この頃の青葉被告には、そんな印象を抱く。

両親の離婚、父は無職に　リコーダーで何度も殴られた

生活が大きく変わったのは被告が小3になった87年。母親がミシン販売の仕事を始め、

外出がちになった頃から夫婦仲が悪くなった、と青葉被告は言う。父親が母親に暴力を振るって警察が来たこともあったという。まもなく、母親が家を出て行った。

3人の子どもの親権は父親に。「離婚するのはお前の勝手だ」。青葉被告は父親にそう言い、殴られたという。

父親は無職になった。「自分が中学になる頃まで生活保護は受けていなかったはずだ」と青葉被告。生活は困窮し、4人は狭いアパートに移り住んだ。

そこは冒頭のアパートから歩いて2〜3分の近さだった。ひっきりなしに車が行き交う越谷街道と幹線道路の交差点に立つ、青い瓦屋根が特徴の2階建て。数世帯分の部屋が並んでいたようだ。記者が2023年11月に訪ねると、すでにアパートは解体され、民間の駐車場になっていた。

周辺の住民で、青葉一家の当時の暮らしぶりを知る人は少ない。被告は公判の中で、貧しい生活をこう振り返った。

《スーパーで50円の冷やし中華を20個買おうとして47円のラーメンに気づき21個買えて喜んだ》

《電気が止まると父親に5キロ先の東京電力に払いに行かされた》

そしてさらに、両親の離婚前から青葉被告と兄は、父親から虐待を受けていたとも説明した。

《（父親の1万円をくすねたという理由で）アルトリコーダーで全身を何度も殴られた》

《ほうきの柄でたたかれたり長時間正座をさせられたりしたこともあった》

兄も供述調書の中で、おつりの扱いをめぐって父親が怒り、冬に裸で兄弟2人を立たせて、水をかけたり、眠らせなかったりしたこともあったと話している。

過酷な生活の中で、自分を置いて出て行った母親への複雑な思いも募らせていたようだ。

《兄は最初の子でかわいがられて、2番目は女の子が欲しくて、生まれたのは自分でかわいがられず、3番目に待望の女の子が生まれて妹はかわいがられた。言ってもどうにかなるものではないので、不満をため込んでいった》

《小学生の頃、一度だけ兄と一緒に母親に会いに行ったことがある。しかし母方の祖母に

「うちの子ではない」と言われ、追い返された》

家庭の外では気丈に振る舞っていたのかもしれない。小学校の卒業アルバムの被告は、デニム地の上着を第1ボタンまで留めて、笑顔を見せている。

なんで自分ばっかり

中学に上がってからも父親からの虐待は続いた。

《中1の体育祭の時、ズボンをアイロンで乾かしていたら、「なんで乾燥機を使わないのか」と言われ、従ったら、今度は「体育祭になんか行くんじゃねえ」と言われ、行かなかった》

同じ中1の時のこと。柔道部に入った青葉被告は、ある大会で準優勝したという。しかし、帰宅すると父親から記念盾と柔道着を燃やすように言われた。

青葉被告は振り返る。

《盾を柔道着でくるんで、燃えやすい胴着に火をつけて燃やした。親の命令といっても、頑張って取ったのに、燃やしてこいは理不尽な話。泣いた記憶がある》

父親に対して諦めに近い感情を抱いていたこともうかがわせる。

《ああしろと言われたらああするし、こうしろと言われたらこうするし、そうしろと言われたらそうする、それだけ。悪い言い方をすると上意下達というか、それだけ。それしかない》

中2の時に転校した中学校には柔道部がなかったため、柔道はやめてしまったという。

《柔道を続けたい。友だちと離れたくない。なんで自分ばっかり》

青葉被告がそう言って転校を拒んだ時のことを、妹は覚えていた。

転校の際には、マエダという名の先生が青葉被告に記念のコップを手渡しながらこう言ってくれたという。「あなたはできるのに、なぜやらないの?」その励ましがよほどうれしかったのだろう。誰にも使わせないほどコップを大事にしていたという。

新しい中学にはなじめなかった。

「無視される。学校に行きたくない」と妹に訴え、夏休みの後は登校しなくなった。その冬には、市内のフリースクールに通い始めた。

そこで居場所を見つけたようで、「真司は毎日通い、真面目に勉強し、友だちと話したり、ドッジボールをしたりしていた」と妹は供述調書で答えている。

公判で青葉被告は当時をこう振り返っている。

《学年の異なる15人ほどが学んでいた。学習内容は中学校と変わらなかったが、疑問に対して(人数が少ないので)全部答えてもらった。それで逆に興味を持って行くようになった》

特に理科のイシハラ先生に「なついていた記憶がある」という。卒業後は働くつもりだったが、定時制高校に進むことにした。イシハラ先生に報告すると、「お前なら絶対できる」

「フリースクールにはもう戻ってくるなよ」と励ましてくれたという。

少しでも家計を助けようと、兄と2人で新聞配達のアルバイトも始めた。朝5時から7時ごろまで、50軒ほどに配って回った。ところが、数カ月の間に寝坊を3回してクビになったという。

公判で弁護士からこの時期のことを問われ、青葉被告はあることを口にした。

《(街中を歩いていると誰かが)寄ってきて何か言ってくるようなのを感じた。人混みの中だとそういうのがある》

しかし兄に相談すると「根性がないからいけないんだ。根性で治せ」と言われ、医師にも相談しなかったという。

3.【高校時代】「お前ならできる」 恩師の言葉に背中を押され

1994年4月、青葉被告は県内有数の進学校に併設された定時制高校(4年課程)に入学した。

この時期の幻覚症状について公判でこう述べている。

《高校の初期くらいまでに、自然に消えた》

この学びやで、青葉被告は「一番良い時代だった」という4年間を過ごした。

高2の頃、父親がタクシー運転手の職を得た。生活保護を終了し、暮らしに少し余裕ができた。国道沿いの小さなアパートから、広めのアパートに引っ越した。

白壁が印象的な2階建てで、市の東端の静かな住宅地の中にある。近くには、かつて江戸と日光を結んだ街道の宿場跡も残る。今は最寄り駅から都心まで約1時間。東京で働く人々も比較的多く住む地域だ。

その頃、兄はファミリーレストラン、妹は温水プールでのバイトで収入を得ていた。

自身も物流倉庫で漫画雑誌をトラックに積み込むバイトのほか、高校で紹介された埼玉県文書課の嘱託職員として週4日、郵便物の仕分け作業や配達、回収などを担った。

楽器が欲しくて、ガソリンスタンドで週3日のバイトも掛け持ちした。バイト料は月に17万円にもなり、父親の求めで家計に毎月3万円を入れていたという。

10万円の中古シンセサイザーやギター、ベースを買って演奏。「音楽を良い音で聴きたい」と思い、評判の良いスピーカーもそろえた。

きょうだい3人で見たテレビドラマ「101回目のプロポーズ」の影響で「CHAGE and ASKA」をはじめ、「Mr．Children」や「LUNA SEA」といったミュージシャンを好んで聴いていたという。

自動二輪の免許も取得し、400ccのバイクで高校に通った。二つ上の女性と2人で映画に行ったり、別の年上の女性とカラオケに行ったりもしたという。

《いろんなものに触れられるお金があった。いろんなものに触れられた良い時代だった》

県庁の文書課での働きぶりも評判が良かったようだ。

当時の上司は取材に、「『行ってきます』『ただいま』とはっきり言う子。真面目な好青年だった」と振り返る。

青葉被告も「やりがいがあった」「だんだんいろんな仕事を任されるところが面白かった」と振り返っている。

早起きしてバイトをして、夕方から高校へ。

級友だった男性に取材すると、当時の青葉被告のことをはっきり覚えていた。「遅刻とか欠席とか全くなく、真面目に授業を聞いていた。『県庁で働いている人』というふうにちょっと一目置かれていました」

被告本人も、「ノートを取って勉強さえしていれば、ある程度の成績は取れるので真面目にしていた」と4年間を振り返る。

仲の良い友人が不登校になった時にエノモト先生と車で訪ねて行った、という話を公判の中で語ったこともある。

《面倒見の良い先生だと思った。真面目に勉強する環境だった》

教員や友人との絆を感じることができた良い思い出だったのかもしれない。

青葉被告の兄も公判で、「(弟は) 皆勤賞だったと思う」と述懐している。

支えはフリースクール時代のイシハラ先生が贈ってくれた「お前ならできる」という言葉だったようだ。

《先生がそう言ってくれなかったら全部行ってなかった。真面目にやろうと思いました》

高校時代はもう一つ、後に大きな意味を持つ出来事があった。京アニにつながるものとの出会いだった。

青葉被告の公判での説明によると、それは友人に勧められたゲームだったという。同じ開発会社が手がけた別のゲームを京アニがアニメ化したという。

《それがなかったら、（検察が京アニとの「接点」と主張した）『（涼宮《すずみや》）ハルヒ（の憂鬱《ゆううつ》）』も見ていなかった。小説を書いていなかった》

父と口論「お前の葬式には出ない」

充実した日々を送る半面、父親はタクシー運転手を辞め、無職に戻った。当時を知る近所の人の話では、交通事故に遭って運転手を続けられなくなったという。

父親は酒癖が悪かったようで、青葉被告は家には帰らず、友人の家を泊まり歩くこともあったようだ。

《人の短所をあげつらって、ぐだぐだ言っているのが好きだったので、自分が帰るとうだうだ言われるので帰らなかった》

そうしたストレスからだったのか、ある時には、青葉被告が父親に「お前の葬式には出ない」と言って口論になったことがあったという。

《これだけ争っているので、「やられたらやり返す」じゃないが、明確な態度を示さないと、おとなしくならないだろうと思った》

98年3月に高校を卒業し、4月に東京都内へ。

「ゲーム音楽を作る仕事に憧れを抱いた」と青葉被告は言うが、父親から離れたいという思いが強かったのかもしれない。

世の中は、バブル経済崩壊後の混乱で、完全失業率が過去最高を記録し、有効求人倍率も過去最低の水準に低下するなど戦後最悪の不況が続いていた。

前年の北海道拓殖銀行の破綻《はたん》や山一証券の自主廃業に続き、98年には日本長期信用銀行（長銀）と日本債券信用銀行が破綻した。

青葉被告が踏み出した社会は、先行きの見えない暗い空気に包まれていた。

4.【高校卒業後】夢追い、東京へ。逮捕、そして派遣生活に

「ゲーム音楽を作る仕事」に憧れを抱いた青葉被告は、埼玉県内の定時制高校を卒業すると都内の音楽系の専門学校に進んだ。高校の仲の良い同級生2人も一緒だった。

しかし1年後、埼玉に戻ってきた。妹は、青葉被告が「あの学校で学ぶものは何もない。時間の無駄だった」「先生に質問しても『お前にはまだ早い』と言われた」と話していたのを覚えているという。

4年制の定時制高校を卒業したため、他の専門学校生から「一つ年を食っている」ことをバカにされたのも大きかったようだ。

シンセサイザーやサックスなどの楽器を持ち帰ってきて、妹に譲ったり売り払ったりしたという。

1年間の学費や生活費は「新聞奨学金」でまかなった。新聞販売所の寮で寝泊まりしながら、午前3時に起きて折り込みチラシを新聞に挟み、配達へ。午前7時に作業を終える

と、朝食をとって専門学校へ向かった。

夕方6時ごろに帰宅すると、新聞の集金や残った仕事を片付けて解放されるのが夜の9時だったという。

契約を結んだ1年間は続けた。しかし、他の従業員と仕事への姿勢が合わず辞めた。

帰郷した後は、父親と妹が2人で暮らすさいたま市内のアパートに住みながら、コンビニのバイトを始めた。

「4カ月か半年くらい」後に、一人暮らしを始めるために埼玉県春日部市のアパートに移り住んだ。

妹は公判で、「父と折り合いが悪かったからいずれ出て行くと思っていた」と述懐した。「お金がない」という青葉被告をバイト先の弁当店に呼び、総菜を分けたこともあるという。

布団で亡くなった父　母と十数年ぶりに再会

その3カ月後、青葉被告が21歳の時だった。「父親が亡くなった」と妹から連絡があった。

妹の話では、仕事を終えて帰宅すると、布団の上で亡くなっていたという。

父親は離婚後、トラック運転手から無職になった。そして青葉被告が高校2年の時、タクシー運転手として再就職したものの、事故で体が不自由になったようだ。

青葉被告は公判で、「ワゴン車にはねられて両足を骨折し、その日から寝たきりに。衰弱するように息を引き取った」と説明した。

母親がお悔やみにやって来た。十数年ぶりの親子の再会だったが、言葉を交わすことはほとんどなかった。

青葉被告は葬式に出なかった。

《あれだけけんかした仲で、最後の最後にお前の葬式に絶対に出ないと通告していたので、それで出なかったと思う》

父親の死によって、ようやく願い続けた「決別」が果たせたのかもしれない。

底をつく貯金、公園の水で洗濯

「一人で何も頼らず生きていく」。そう決意し、コンビニで7年ほど働いた。同じ系列の店も掛け持ちし、週6日働き詰めた。

しかし最後は、人間関係を理由に辞めた。


《店長自身が仕事をしない。新人の育成もしない。発注も適当。あまりにも仕事を押し付けられ、いくらなんでもあり得ないと思った》

その後、短期間だけ派遣の仕事をしたというが、「疲れ果てちゃって、何も行く気にならずに辞めた」と公判で述べた。

その時期と重なるのだろうか、生活保護を申請するために市役所の窓口に行ったところ、「そのまま働いてください」と断られたという。

貯金は底をつき、電気やガス、水道が止まった。公園の水で洗濯し、スーパーの配送車から食品を盗んだ。

青葉被告は当時を「弱者が切り捨てられる時代だった」と言う。

「オレの人生なんてこんなもんだ」

コンビニバイトを辞めてから1年も経っていないそんな時期だった。2006年8月、女性の下着を盗むなどして逮捕された。

半年続いた裁判の中で青葉被告は、「全部うまくいかない」「オレの人生なんてこんなもんだ」と話し、裁判官に「家族がいるんだから、やり直しなさい」と諭される場面もあったという。

勾留中、その家族が面会に来た。妹と母親だった。母親とは父親が亡くなって以来の再会。しかし、青葉被告は面会室で母親を見ると顔をこわばらせ、「何しに来た。それはないだろう」と言って部屋を出て行ってしまった。その後、妹が一人で何度も面会に行ったが、会おうとしなかったという。

執行猶予付きの有罪判決を受けた後、「行くところがなかった」。結局、母親が住んでいた茨城県内で同居を始めた。

しかしある時、酒に酔った母親の再婚相手に「お前に夢はないのか」と責められた。腹を立てた青葉被告は、早口でこうまくし立てた。

《罪を犯したから、やりたいことができるような立場じゃない》

折り合いの悪さは続いた。再婚相手に「自活しないといけない」と言われ、家を出た。07年の夏ごろのことだった。

「底辺に対して、面倒見がいいわけない」

求人用の冊子で調べ、工場のライン作業に派遣社員として申し込んだ。

最初に働いたのは、茨城県内にある農業機械大手の工場だった。そこでトラクターのエンジンを組み立てる仕事を担った。

半年で辞めた。その理由を公判で「(母の家を出てから)英語を勉強していたので、(仕事は)続けられないだろうと思った」と説明した。

辞めた後のあては特になかった。

《貯金があったので、それで暮らして、なくなったらまた派遣をしたらいいと思っていた》

駅前のホテルで暮らしていたといい、3週間して栃木の自動車工場で働き始めた。寮に住み込み、車体の下に金属製カバーを取り付ける作業をしていたが、3週間で辞めた。「3週間かかると思っていた仕事を2週間で覚えてくれと言われたので」。それが不満だったと青葉被告は説明する。

「辞めないといけなかったのでしょうか」。公判で弁護士に問われると、こう語った。

《(上司などと)話し合いで片付いた記憶がない。底辺というか、アルバイトや派遣に対して、そんなに面倒見がいいわけない》

次に働いたのは同県の別の工場。着色剤をプラスチックに混ぜる仕事だったという。しかしここも、約半年間で辞めた。08年11月ごろだったとみられる。

人間関係上の問題はなかったという。ではなぜ。青葉被告は公判でこう言った。

《「派遣切り」が来ることがわかっていたから》

ちょうどこの年の9月、世界的な金融危機と不況に発展した「リーマン・ショック」が起きた。自動車や電機メーカーなど多くの企業で、派遣や請負で働く非正規労働者を大量に削減する動きが相次いだ。

第2章
事件は止められなかったのか

様々な出来事が重なり合い、徐々に絶望の度合いを深めていった青葉真司被告。凄《せい》惨《さん》な結末に至る前に、事件を止める手立てはなかったのでしょうか。第2章では、一方的な恨みを募らせていく過程の中に、その手がかりを探ります。

5.【2008年以降】「金字塔」の落選。そしてネタ帳を燃やした

青葉被告の供述をつなぎ合わせると、栃木県内の工場を辞めたのは2008年11月ごろだったようだ。

ちょうどこの年の9月、米投資銀行リーマン・ブラザーズの経営破綻《はたん》を機に、世界的な

金融危機と不況に発展した「リーマン・ショック」が起きた。

青葉被告がどこまで状況を正確に把握し、予見できていたかはわからない。しかし実際に、自動車や電機メーカーなど多くの企業で、派遣や請負で働く非正規労働者を大量に削減する動きが相次いだ。

こうした「派遣切り」によって、職と住まいを同時に失った非正規労働者が全国にあふれた。複数のNPOや労働組合は、東京の日比谷公園に、生活困窮者が年を越せるようにとテント村を設けた。それがこの年の大みそかから年明け1月5日までだった。

「年越し派遣村」と呼ばれ、炊き出しや毛布を提供。非正規労働者ら約500人が集まった。

「邪魔しか入らない」　母と兄にガソリンをまこうとした

08年はもう一つ、大きな出来事があった。

青葉被告は「なんとかしないと自分もこんな感じになってしまうのではと思った」と公判で打ち明けている。

6月に東京・秋葉原の歩行者天国で、7人が亡くなり、10人が重軽傷を負った無差別殺傷事件のことだ。

青葉被告は派遣の仕事を転々とした自身の境遇を、秋葉原事件を起こした加藤智大《ともひろ》・元死刑囚に重ねていたという。

《20歳を超えてから仕事を転々として、仕事もクビになったりした。共感と申し上げましょうか、他人事《ひとごと》に思えなかった》

加藤元死刑囚は1982年の生まれ。78年生まれの青葉被告とは同世代だ。

秋葉原事件の確定判決などによると、加藤元死刑囚の両親も不仲で、幼少期は母親から屋根裏に閉じ込められるなどした。短大卒業後はアルバイトや派遣社員を転々とし、孤独を深めていった。

青葉被告も小学3年生の時に両親が離婚。幼い頃から父親に暴力を振るわれるなどの虐待を受けて育ったとされる。

工場を辞めた青葉被告は、茨城県内の旧雇用促進住宅に住み始めた。

郵便局で配達アルバイトをするが、3カ月ほどで辞めた。兄によって周囲に前科を知らされたと思い込んだことが理由という。

《真面目にやったところで邪魔しか入らない。激怒した記憶がある》

公判で検察側の質問に、母親と兄にガソリンをまいて殺そうと思ったことを明らかにした。

何度もぶん投げた「ハルヒ」の本

その数カ月後。生活保護を受けながら、ネットのゲームにはまり昼夜逆転の生活を続けていた2009年5月ごろ、京都アニメーションのアニメ作品「涼宮《すずみや》ハルヒの憂鬱《ゆううつ》」を見て、衝撃を受けた。「こんなすごいアニメがあるんだ」

原作がライトノベル（小説）であることを知り、こう考えた。

《犯罪をばらされると生活がその都度、不安定になる。小説に全力を込めれば暮らしていけるのではないか》

原作を手本に「考える時間を24時間365日かけて」書き進めたが、作業は順調ではなかったようだ。

《ハルヒの本をぶん投げて「やめてやる」と思ったことがある。（本が）壁にぶつかってバラバラになった。近くの森に2冊ぐらい投げ捨てた。6回ぐらい買い直した》

京アニは同作品をはじめ、「らき☆すた」「けいおん！」などの人気作品を次々に世に送り出し、2000年代半ばからブレーク。丁寧な作画と特徴的な色使いで、「京アニクオリティー」という言葉が生まれるほど国内外で多くのファンを獲得していた。

そんな09年10月、アニメ化や文庫化を前提に、一般から小説などを公募する「京アニ大賞」が新設された。青葉被告は、これに応募することを思い立った。

応募にあたり、ネット掲示板で京アニ関連の書き込みを調べ始めた。

そこで京アニの実在する女性監督について、本人による書き込みを見つけたと思い込み、妄想の中でやりとりを始めた。そして次第に一方的な恋愛感情を抱いた。

その後、女性監督に犯罪歴を知られたほか、「レイプ魔」と言われ、自分の前科がばれていると思っただけでなく、バカにされたとする妄想につながっていった。

毎日午前0時4分に鳴るアラーム

この時期に約3年半、青葉被告が一人で暮らしていた旧雇用促進住宅が今も存在する。公判が始まって1カ月ほど経った23年10月、記者は管理人の男性（75歳）とこの住宅を訪ねた。

最寄りの関東鉄道常総線の駅から直線距離で約4キロ。周囲には畑が広がり、工場や物流倉庫が点在する。

森に囲まれてもう先には進めない。そんな場所に住宅はあった。5階建ての2棟からなり、60戸が入る。

青葉被告の部屋は3DKで、1階の角部屋だったという。入居中のため、同じ間取りの1階の別の空き部屋を見せてもらった。

窓の外には深い森が広がっていた。『涼宮ハルヒの憂鬱』の本を捨てたのもこの森だろう。昼間でも薄暗かった。

この住宅で青葉被告は騒音トラブルなどを起こしていた。隣人からは、「毎日午前0時4分に5分ほどアラームが鳴り響く」という苦情があった。壁をたたく音やわめき声も聞こえたという。月2万9700円の家賃はほぼ滞納していた。損害金などが231万円に上ったとする資料も残っていた。
この当時の心境を公判で青葉被告が振り返る。
《生活保護を辞退し、福島で原発の仕事をしようとしたが応募多数で断られた。精神的に追い詰められた》
自殺を試みたこともあるという。
生活は困窮しきっていた。窃盗事件の公判中に追い返したことを母親に謝罪し、金銭的援助をしてもらった。しかし、青葉被告の言葉から、暗い思いが湧き起こってきた様子がうかがえる。
《はい上がろうとすると必ず横から足を引っ張ってくる人間がいて、うんざりしていた。最終的に刑務所に行くしかないと考えた》
その言葉の通り、12年6月、茨城県内でコンビニ強盗を起こした。

事件後、旧雇用促進住宅の管理人の男性が、警察の調べに立ち会って青葉被告の部屋に入った時のこと。

しっくいの壁は2カ所ほど穴が開き、ハンマーが転がっていた。部屋の窓ガラスは割れて散乱。パソコンの画面は粉々で、冷蔵庫も開けっ放し。中のものが腐っていた。食べ残したカップ麺や缶詰も放置され、悪臭が漂っていたという。

日当たりの悪いベランダには、ジーパンが2本、干したままになっていた。

数日後、男性は部屋に残された家具などを処分する手続きのため、警察署で被告と面会した。ずっと無言でうつむいていた。「髪は伸びてぼさぼさだった。表情はほとんど見えなかった」

1年後に「作家デビュー」、10年後は「大御所に」

コンビニ強盗で実刑判決を受けた青葉被告は刑務所に。刑務所内で京アニ作品「けいおん!」を観賞。服役中もノートに小説のアイデアを書きためた。

出所する4カ月ほど前、刑務所のアンケートに書いている。

1年後の目標は「作家デビュー」。5年後に「家を買う」、10年後「大御所になる」。同じ頃、担当医に精神疾患と診断された。

出所後、埼玉県内の更生保護施設で5カ月暮らし、施設が借り上げているアパートへ。そこでパソコンを買って再び小説を書き始めた。16年、長編小説「リアリスティック・ウェポン」を完成させ、短編小説とともに京アニ大賞に応募した。

7年半で20回ほど書き直した「金字塔」と青葉被告が呼ぶ自信作は、詳しい内容は不明ながら、ＳＦや青春、恋愛、学園モノであることがわかっている。

友人に囲まれ、デートも経験。埼玉県庁やガソリンスタンドでのバイトに励んだ自身が「一番良い時代だった」と振り返る定時制高校の思い出が下敷きになっているのかもしれない。小学生の頃に夢中で読んだ「三国志」の登場人物、諸葛亮孔明をモデルにしたような「軍師」が登場するという。

検察側も公判で、「応募作品は被告人の人生を詰め込んだいわば分身だった」と述べている。

青葉被告によると、長編は好意を寄せていた女性監督の誕生日に応募したという。「（女性監督に作品を）託す気持ちになった」「下りではなく、上りのエスカレーターに乗りたい」との思いからだった。

しかし落選し、裏切られた気分になったという。

ネットに作品を公開してみたが閲覧された形跡がないことに失望した。

そして18年の1月、長年書きためた小説の「アイデア帳」を燃やした。

《つっかえ棒がなくなった》

6．【2018年以降】「盗作された」 募る不満。支援拒み、深まる孤立

青葉被告は2019年6月、包丁6本を持ってJR大宮駅（さいたま市）の西口に自転車で向かった。

新幹線のほか、高崎線や京浜東北線、埼京線などが行き交う駅で、1日の乗車人数は約24万4000人。JR東日本の管内では、品川駅に次ぐ第7位の多さだ。

西口は地上の駅前広場の上に歩行者デッキがあり、通勤客や学生、買い物客、各種募金活動やギターの弾き語りをする人らで混み合う。

青葉被告が公判で語った計画では、08年に東京・秋葉原で起きた無差別殺傷事件を参考

に、「最低限必要なのは鋭い刃物ということで、当日に6本購入した」という。しかし、「大宮程度の人の密集では、刺したとしてもすぐに驚かれて逃げられることがわかっていたので」断念したという。

計画した理由について公判で、京アニに自身の小説作品を落選させ、盗用させたのは「闇の人物のナンバー2」だと考えた、と自身が抱いた妄想について繰り返し説明。「ナンバー2や京アニに対するメッセージ性を込めた犯罪をしないと、逃れることができないと思った」とも述べた。

青葉被告の話では、「ナンバー2」とは「ハリウッドやシリコンバレーに人脈があり、世界で動いている。官僚にも影響力のあるフィクサーみたいな人で、公安警察に指示して自分を監視させていた」という。

「(経済財政担当大臣時代の)与謝野馨大臣にメールを送ったのが原因で、つけ回されるようになった」とも説明した。

さらに、事件を起こすことで「パクり(盗用)は害だ、ということを伝えられるのではないか」と考えた、とも語った。

後日の公判で京アニの八田英明社長は「当社はアイデアを盗む会社ではない」と証言した。

「つっかえ棒がなくなったら倒れるしかない」

青葉被告が言う「パクリ」とは何のことか。

16年、自身の楽しかった時期の思い出を詰め込んだ「分身」とも言うべき長編と短編の小説2作品を「京アニ大賞」に応募したものの落選した。

ところが18年11月、京アニ作品の「ツルネ」をテレビで偶然見ていて、自分が小説に盛り込んだアイデアが盗用されたと思った。

それは、割り引き食品を買うシーンだった。

過去にも2度、京アニに盗用されたとの疑いを抱いていた。一つ目は「けいおん!」で、「留年」という言葉をめぐるもの。二つ目が「Ｆｒｅｅ!」に出てくる校舎の垂れ幕をめぐるシーンだった。

暗い思いが次々と湧き出てきた。

《(京アニが)そこまでやるなら、自分も考えないといけないと思った》

《小説がつっかえ棒だった。そのつっかえ棒がなくなったら倒れるしかない。どうでもい

いやと思った》

「ツルネ」を見てから1カ月ほど経った18年12月23日。街はクリスマスのイルミネーションに飾られ、華やかな雰囲気に包まれていた。

この日、天皇陛下（現・上皇陛下）は85歳の誕生日を迎えた。先立つ記者会見で、翌年4月30日の退位を控え、「平成が戦争のない時代として終わろうとしていることに、心から安堵《あんど》しています」と述べた。

その夜。

《やられたらやり返すようにしないといけない。そういうのは帳尻が合うようにできている》

ネット掲示板にこんな言葉が書き込まれた。公判で青葉被告は自身によるものだと認め、こう続けた。

《コンビニ時代、我慢できるところまで我慢したと思うが、無秩序は我慢すればするほど

拡大する》
《底辺の世界、要するに派遣とかコンビニというのは無秩序で、人の食い合いの世界》
《されたことをして返さないと、自分で何をやったか、わからない人がいる》
19年2月に憧れを抱いていた京アニの女性監督が受賞したことを知った時の心境について、「物作ってちゃんとしている人間より、パクった人間が評価されているのにうんざりしていた」とも述べた。
京アニや女性監督に、とげとげしい恨みの感情を一方的に募らせていった様子がうかがえる。

破壊されたパソコンや革ジャンが散乱

こうした時期、JR大宮駅から東へ3キロほどの緑豊かな大きな公園近くのアパートで一人暮らしをしていた。

青葉被告は精神科に通院。生活保護を受給しながら、心身の状態を観察する訪問看護や身の回りの世話をする訪問介護を受けていた。

しかし、看護師らとのもめ事が絶えなかった。

公判で明らかにされたカルテや訪問看護師の話によると、看護師が青葉被告の部屋を訪ねてインターホンを押したが反応がないため、ノックするといきなりドアが開いて胸ぐらをつかまれたという。包丁を持っていて、「しつこいんだよ、つきまとうのをやめろ。やめないと殺すぞ」と怒鳴った。室内には破壊されたパソコン2台とプレイステーションが散乱。革ジャンがズタズタに切られていた。処方された薬が服用されないまま残っていた。

この時、看護師に対しても「ナンバー2」の指示で公安警察に「ハッキングされている」「つきまとわれている」と話したという。

公判に提出された記録では、このトラブル後も、訪問看護は続けられた。薬は服用したりしなかったりだったようだ。

勧めによって別の精神科の病院も受診し、「入院の必要なし」「症状の程度は中度」と診断された。しかし、何度か通っただけで受診しなくなり、訪問看護師も会えない日が増えていったという。

そんな19年3月、スマホを解約した。「操られているような生活」が嫌になったという。

《ユーチューブを見ると、京アニのワンシーンの切れ端が「おすすめ」で出てきた。自分

の精神衛生上良くないことだとわかっていた》

誰が動画を上げていたと思うか、と公判で弁護人から問われて、「ナンバー2」と答える場面もあった。

まもなく、訪問看護のサービスも受けなくなった。借りた部屋を蹴飛ばして穴を開けたため、「顔見せできないと思った」という。

大宮駅で事件を起こそうとしたのは、その3カ月後だった。

度重なる隣人とのトラブルも公判の中で明らかになった。

当時のアパートは2階建てで、計10部屋あった。それぞれが8畳間に台所、バスとトイレは別という間取りだったが、住人によると「壁や天井が薄く、他の部屋の生活音が聞こえた」という。

青葉被告は、「室外機がうるさい」「騒音がうるさい」といった不満を募らせていた様子で、「低音用スピーカーの音量を最大にしてやり返したところ、警察を複数回呼ばれた」と公判で説明した。

最後に把握されている隣人との大きなトラブルは、京アニで殺人放火事件を起こす4日前。7月14日だった。

隣人男性の供述では、音の発生源を隣の部屋だと勘違いした青葉被告が、この隣人の髪の毛と胸ぐらをつかんで、「だまれ、うるせーんだよ」とすごんできたという。隣人が「騒音は私ではない」「2階の人に言って」と言っても、「そんなの関係ねぇ、こっちは余裕がねえんだよ、殺すぞ」と怒鳴った。

「ケリをつけるため、片道切符でやるつもりだった」

翌7月15日、午前9時前に自宅近くのATMで全財産である5万7000円を引き出し、新幹線「こだま」で京都へ。

京アニにガソリンをまいて事件を起こす。もし放火が止められたら使おうと考え、包丁を6本隠し持っていた。「自分の中でケリをつけるため、片道切符でやるつもりだった」と振り返った。

なぜ各停の新幹線を選んだのか、と問われて、「京都に行ったらそういうこと（事件）を起こすと考えていて、正直そこまで細かいことは覚えていなかった」と説明した。

ぼんやり風景を眺めていて、静岡で海が見えたことを覚えているという。楽しかった思い出を詰め込んだ小説が落選したことや、憧れの女性監督への思いなどについて考えを巡らせてもいたという。

16～17日は犯行の準備を進めた。

JR京都駅前のネットカフェで第1スタジオの場所を調べ、周辺を下見。ホームセンターでガソリン携行缶や、スタジオの入り口をたたき割るためのハンマー、バケツ、台車などを購入した。

所持金がかなり減ってホテルには泊まれなくなったため、17日の夜はスタジオ近くの公園で野宿した。

事件当日の18日、コンビニに立ち寄り牛丼とカレー味のカップ麺を食べた。ガソリンスタンドで「発電機用」だとウソを言い、40リットルのガソリンを購入すると、台車に携行缶を載せてスタジオへ向かった。

防犯カメラに映る青葉真司被告

ガソリンをまくという犯行について青葉被告は、「消費者金融の『武富士』で、ガソリンをまいて亡くなった事件があり、そういう犯行に及ぼうと考えた」と語った。

犯行直前、現場脇の路地に腰掛け、十数分間、考え事をした。

《自分のような悪党にも、少なからず良心の呵責《かしゃく》があった》

そう振り返る一方で、自分の半生を思い返し、こうも考えたという。

《あまりに暗い。京アニは光の階段を上っているように思え、(自分は)郵便局時代も、コンビニ時代も、派遣時代も、小説も全て実を結ばずに終わっている》

「ここまできたら、やろう」。腰を上げた。

午前10時半、入り口からスタジオ内に入れることを確認。いったん外に出てからバケツを持ち、包丁を隠したかばんを肩に掛けて再び中に入った。

「死ね!」

ズボンのポケットからライターを出して、火をつけた。

第2部
証言の記録

絵：岩崎絵里

第3章
青葉被告は何を語ったのか

第2部では、公判中に語られたことのほか、供述調書や陳述書などを通して明らかになった様々な証言を紹介します。

143日間にも及んだ裁判の過程で、青葉真司被告は何を語り、何が明らかになったのでしょうか。第3章では、死刑判決を受けた翌日のやりとりも含め、裁判中に見せた青葉被告の言動の変化を記者の視点で追います。

1. 143日間の公判で語ったこと

朝から、立っているだけで汗ばむほど蒸し暑かった。2023年9月5日。36人が犠牲になった京都アニメーション放火殺人事件で、起訴された青葉被告の初公判が開かれる日だった。この裁判で、何が明らかになるのか。緊張からか感情が高ぶるのを感じていた。

初公判の法廷に現れた青葉被告

古都の中心部。京都御苑のすぐ南側にある京都地裁は、異様な雰囲気に包まれていた。テレビ中継車が駐車場にずらりと並び、パトカーが警戒のために巡回する。庁舎の窓ガラスにはブルーシートが掛けられ、裁判所の職員は無線機を使って入念にやりとりをしていた。上空には報道機関のヘリコプターが旋回。地裁内は検察や警察の関係者、各社の腕章をつけた報道陣でごった返していた。

午前8時半ごろ、地裁から歩いて数分のところにある京都御苑内の広場には、長蛇の列ができた。傍聴席を求めて、抽選のために整理券をもらう人たちだった。

京都市に住む大学1年の男性は、「法学部に入り、裁判の傍聴にはよく来ていたが、こんなに被害者が多い裁判は初めて。全国的なニュースになっていたので、ずっと注目していた。被告から何が語られるのか、気になっている」と話した。

京アニ事件の公判が開かれる101号法廷は地裁で最も広く、傍聴席は88席ある。このうち遺族らに設けられた席や記者席を除いて、一般傍聴席は35席に限られていた。抽選のために広場に並んだのは500人。倍率は14・3倍に上った。

午前10時ごろ、地裁の南西側にある門の周辺にも、多くの人たちが集まっていた。複数の警察官が険しい表情で周囲を見回す中、記者たちがカメラを構えている。大阪拘置所から移動してきた数台の車列が、その前を通過していき、地裁内へと入っていった。青葉被告が乗ったとされる車だ。建物の地下へ入っていくと、すぐにブルーシートで覆われ、中の様子をうかがうことはできなかった。

地裁内でも厳重な警備態勢が敷かれた。101号法廷の前では、金属探知機による

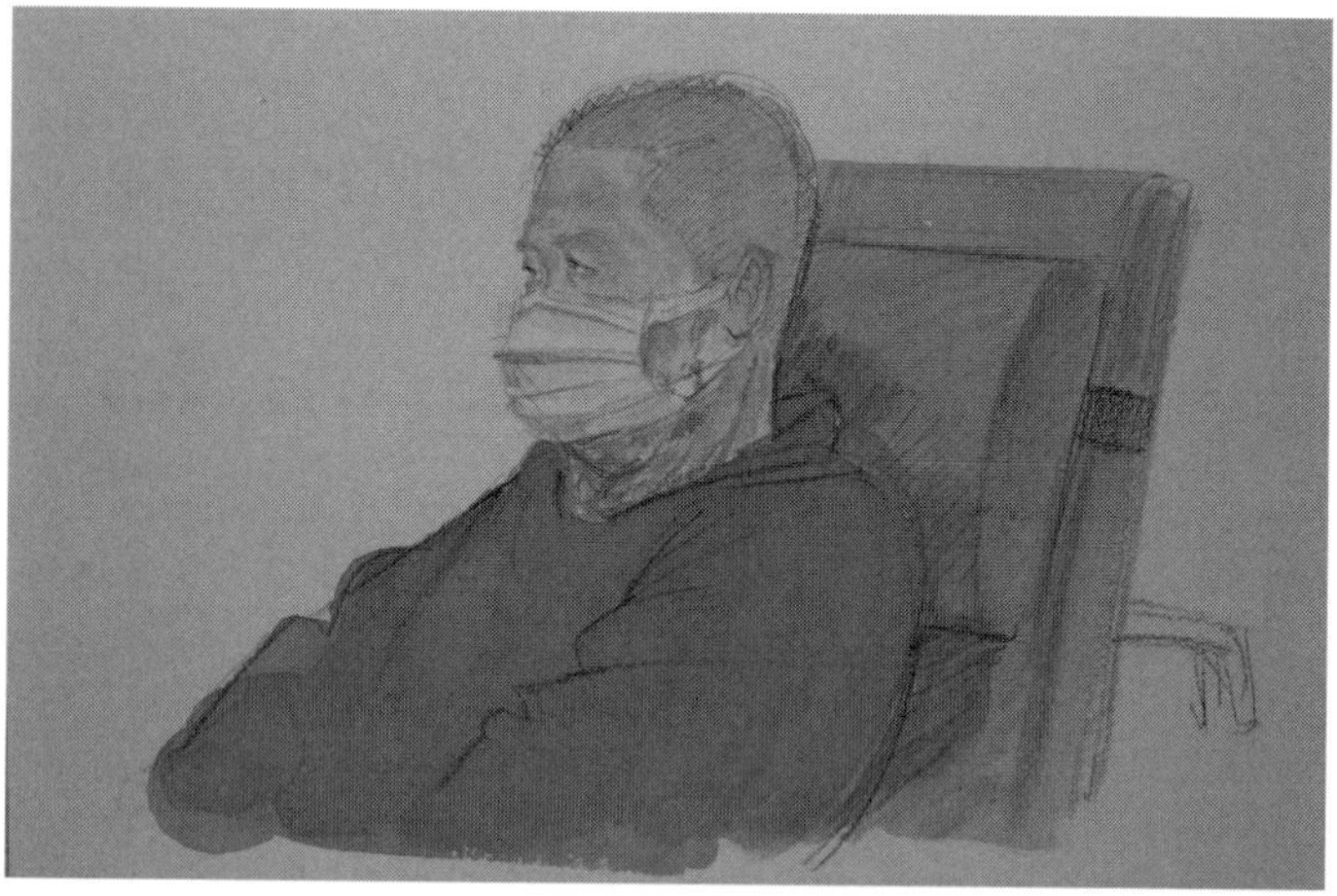

初公判に、車いすで入廷した青葉真司被告（絵：岩崎絵里）

所持品検査があった。通常の公判では持ち込みが許可されているスマートフォンやかばんなども、法廷内に持ち込むことが制限され、荷物は法廷前に設置されたロッカーに入れるよう求められた。

開廷時刻の午前10時半が迫る。法廷の外の通路にも大勢の記者が集まり、不思議な熱気が充満しているように感じた。緊張を押し隠しながら法廷に入る。着席したのは、前から2列目。被告が法廷内へと入るドアのすぐ近くだった。

法廷に裁判官3人が入廷し、着席した。傍聴席から左手に4人の検察官、右手に5人の弁護人が席に着く。テレビ局による2分間の廷内撮影が終わると、ドアから40～50人ほどが法廷内に入ってきた。

ノートやファイルを抱えた人たちは、検察官の後ろにあるアルファベットが振られたパイプ椅子や、番号のついた傍聴席に順々に座っていった。最初はどのような人たちかわからなかった。だが、視線を落とし、沈痛な表情をしていることから、その人たちが事件の遺族やその関係者であることが察せられた。

全員が席に着くと、地裁職員が次々に法廷内に入ってきた。高さ2メートルほどのアクリル板が8枚持ち込まれ、法廷と、遺族らが座る傍聴席などを境にL字形に配置された。

これも普段は見ない光景だった。警備のための仕切りとして、暴力団関係者の裁判などで防弾ガラスが取り付けられることはあるが、その他の裁判では珍しい対応という。

作業が終わると、裁判員6人と補充裁判員が入廷した。裁判員は男女3人ずつ。過去の取材経験から年齢の高い人が多いとの印象があった裁判員だったが、30～40代とみられる人たちの姿が目を引いた。

準備は整い、あとは1人を待つのみとなった。緊張感が法廷内を包み込む。時間の流れが、長く感じた。1分ほどの間があった後、再び法廷内の扉が開いた。

頭の辺りまで背もたれがある大きな車いすが目に入る。青色の上下ジャージー姿の青葉被告が入廷した。数人の刑務官とともに、車いすを押されて移動する。法廷内は静まりかえり、一斉に彼に視線が注がれているのがわかった。

胸板は厚いように見え、大柄。立ち上がれば、180センチ近くはあるだろうか。短髪にマスク姿。顔や首、後頭部はやけどの痕で赤く、所々に白い痕も残る。やけどの影響なのか、両手の指は曲がった状態だった。京アニの第1スタジオを襲った猛火の激しさを、その姿から考えずにはいられなかった。

青葉被告は、傍聴席が視界に入っている様子だったが、宙を見て落ち着いているように映った。入廷からの様子や表情をじっと観察したが、何を思っているか、知りたくても、その姿から感じ取ることはできなかった。弁護人たちに挟まれる形で弁護団席の隣についた。

「私がしたことに間違いありません」

「それでは開廷します」

午前10時34分。

増田啓祐裁判長の静かな声で、143日間の京アニ事件の公判は始まった。

まず、裁判長が青葉被告に証言台の前に来るよう促した。刑務官に車いすを押されて移動する。マイクの位置が調整される。名前を聞かれると、青葉被告はマイク越しに答えた。

「青葉真司です」

口先をとがらすようにして発せられたのは低い声だったが、はっきりと聞こえた。その後、生年月日や本籍地、職業や現住所などを聞かれ、滞りなく答えていく。

次に検察官が放火殺人の罪について、起訴した内容を読み上げた。被害者の名前は、「別表に記載されている」として、読み上げられることはなかった。その間、1分ほど。青葉被告は動かず、前を向き聞いていた。

読み上げが終わると、裁判長が青葉被告に言った。

「起訴状に間違いはありますか？」

すばやく弁護人が立ち上がる。

「裁判長、正確を期すためにメモを用意しています」

弁護人が、青葉被告にそのメモを読み上げさせてよいか尋ねると、裁判長が許可を出した。

青葉被告は弁護人からメモを手渡された後、言った。

「私がしたことに間違いありません。事件当時はこうするしかないと思っていたが、こんなにたくさんの人が亡くなるとは思っていませんでした。現在ではやりすぎだったと思っています」

少し早口で、こもった声。マイクの音量が小さかった影響もあるのか、途中聞き取りづらい部分があり、裁判長からもう一度読み上げるように指摘された。マイクは調整されていたが、再び青葉被告が話しても明確に聞き取りきれず、最後は裁判長がメモを読み上げた。

直後、傍聴席の前方などに座る記者たちが一斉に立ち上がった。静かな法廷にバタバタと足音を響かせながら、次々に出て行った。起訴内容に関する認否をはじめ、青葉被告の肉声を速報するためだ。

次に検察官が冒頭陳述を始めた。この裁判で立証しようとする内容を述べる手続きで、事件の概要や青葉被告の幼少期からの生活状況、京アニとの接点、犯行当日までの細かな動きなどについて説明があった。休廷を挟み、弁護側も冒頭陳述を開始。青葉被告は時折うなずくようなしぐさや、弁護人が配った資料を見るような様子を見せた。

昼の休憩を挟み、午後は1時20分から再開した。冒頭、裁判長から、足音や法廷のドアの開閉音を立てないよう注意があった。午前中の記者の動きを見て釘を刺したかったようだ。

その後、検察官による証拠の説明が始まった。事件現場の京アニ第1スタジオの構造や、燃えたスタジオ内部の写真が法廷内のモニターに映し出された。何階部分の、どの位置で、どの犠牲者が亡くなったのかという説明もされた。煙や炎から逃げ惑い、社員らが折り重なるように倒れて亡くなっていた状況がわかった。事件直後の悲惨さが浮かび上がる。遺族が何を感じるのか。想像するだけで胸が詰まった。

公判は、京都地裁の決定で被害者の半数以上を匿名にして審理が進んだ。遺族が希望した対応だった。匿名審理は、性犯罪などを念頭に「氏名や住所などが明らかになると、被害者や遺族の名誉や平穏な生活が著しく害されるおそれがある」ことを理由に、2007年の刑事訴訟法改正で導入された。16年の神奈川県相模原市の障害者施設「津久井やまゆり園」で入所者19人が殺害された事件では、大半の被害者らが「甲A」「乙A」などと匿名で審理された。

この日、検察官は、犠牲になった36人一人ひとりの年齢、死因を10分近くかけて読み上げた。19人の名前は伏せられ、17人の名前が読み上げられた。

亡くなった社員の名前が静かな法廷に響く。その間、遺族らはハンカチで顔を押さえたり、天井を見上げたりしていた。36人という犠牲者数の多さ。その人たちに家族がいることの重さ。事件から4年余りが経っていても、癒えることのない悲しみが迫ってきた。

初公判では、京都市消防局の職員や、事件で全身やけどを負った社員らの供述調書も読み上げられた。事件前後の防犯カメラの映像も明らかになり、午後4時ごろに閉廷。法廷を後にする青葉被告は弁護人にお礼をするように、何度もうなずくようなしぐさをして去っていった。

公判で語った「自分の作品に対する思い入れ」

翌6日は厚い雲が立ちこめ、午後には雨が降った。第2回公判は検察官による証拠の説明が続き、事件直後の青葉被告と、駆けつけた警察官との生々しいやりとりの音声が流れた後、被告の生い立ちが明かされた。

弁護人は7日の第3回公判で青葉被告に対し、事件後の自身の体の状況について質問をした。

弁護人　「自分で腕を上げることはできますか」
青葉被告　「はい」
弁護人　「箸やスプーンはつかめますか」
青葉被告　「はい。右で握れます」
弁護人　「拘置所で本を読むこともあると思いますが、その時はどうしていますか」
青葉被告　「置いて読むことが多いです」
弁護人　「自分で歩くことはできますか」

青葉被告　「それはできないと思います」
弁護人　「ベッドに自分で移ることは」
青葉被告　「職員の方に準備してもらえれば自分でできます」
弁護人　「あなたは事件で体をやけどしましたが、汗をかくことについて、どう聞いていますか」
青葉被告　「汗腺をほとんどとっぱらっているので、頭と胸以外はかけないと。痛覚もとっぱらっているので、温度も感じにくいです」

よどみなく答えていく。話が自身の生い立ちに及んでも、その様子は変わらなかった。

◆　◆　◆

一方、その後の公判で、自分の作品に対する思い入れを述べる姿は印象に残った。
「自身の作品が京アニに盗用された」と青葉被告が主張する作品シーンがいくつかある。
一つは、学校の校舎に垂れ幕が下がったままになっているという描写だ。

弁護人　「どんな表現を込めたか」

青葉被告「垂れ幕が、いつまでも掛かっている。学校が厳格でない、先生がくどくど言わない校風。その思いから垂れ幕のシーンを作った」

二つ目は、先生に「このままだと留年」と言われるという描写だ。

青葉被告「政治家の言葉だったと思うが、自分の利点をアピールするより、人間的にダメなところ、短所を演説に入れたほうが人の心がつかみやすい。主人公が、初っぱなからダメ人間にしたほうが人の心をつかみやすいと思った」

弁護人「ダメなところを入れる狙いは」

青葉被告「自分の人間関係で言うが、完璧よりダメっぽいところを見せたほうが人が寄ってくる」

作品は、青葉被告の生きてきた体験をもとに、描写が考えられているのだなと理解できた。それが盗用されたとの思いが大きくなった背景になっているのではないかとも考えた。

作品には、他にも、自身の半生を投影するような設定がいくつか出てくる。

「一番良い時代だった」という定時制高校時代を舞台に、その時の先輩が好きだった設定を採用し、埼玉県庁で働いていた頃の知人を登場人物のモデルにした。コンビニでのアルバイトの先輩とのやりとりも盛り込んだ。

検察官　「『たばことミルクは合わない』との表現は」

青葉被告　「コンビニ時代、たばこを売る時に、缶コーヒーを一緒に買う客がいた。一緒に働いていた先輩に『たばことコーヒーは合うのか』と聞いたら、『合う』と言われた。『逆に合わないのは』と聞くと『牛乳かな』と言われたのが印象に残っている。それで入れてみようと」

検察官　「これまでの人生で得たものを入れた」

青葉被告　「そうなります」

18年11月、京アニ作品「ツルネ」がテレビで放映される。チャンネルを回していると、偶然目に入ったという。京アニから離れたいと思っていたが、自分の作品が盗まれたと思ったシーンが流れたという。

青葉被告　「（自分の応募作品を）落とした後もこういうことするのか（と思った）」

弁護人　「人間関係で嫌なことがあったらどうする」
青葉被告　「まず話し合いで物事が解決したためしがない。強気な態度で出て、改善できず、なんとかならなければ、切る」

家族との関係や、仕事を転々としてきた青葉被告の過去が、この言葉と重なる。

弁護人　「京アニとも切ろうと思った」
青葉被告　「そうです」
弁護人　「京アニとの関係は」
青葉被告　「何も変わらなかった。パクってくるし、終わらない会社だったので、自分でも、そこまで考えなければいけなかったっていうのがある」

青葉被告の「そこまで」というのが、事件のことだとは察しがついたが、そのことを淡々と答える青葉被告に恐ろしさを感じずにはいられなかった。青葉被告の暴力性が見えたと感じた瞬間だった。
特に公判の序盤、人を殺害することについて、語り口が流暢《りゅうちょう》で具体的なことにも驚いた。

事件の反省を本当にしているのか疑うほどだった。

そして、事件当日のやりとりへと進んでいく。事件現場とは異なる京アニの別のスタジオに立ち寄った際に何を感じたのか検察官に聞かれた。

青葉被告　「自分（の作品）を落とした上で、自分が落ちることで、京アニが上っていくという、コントラストというか、光と影を感じた記憶があります」

自身の楽しかった思い出や体験を、小説の描写や設定に使っていたことから、小説は自分の分身のような存在だったのかもしれない。だからこそ、落選による失望や、盗まれたという思いが増幅し、事件直前に怒りが爆発したのだろうか。小説を書くことは青葉被告にとっての希望で、「最後のつっかえ棒」とも表現した。しかし、青葉被告の頭の中には、無関係に犠牲になる人たちの存在はなかった。

検察官　「第1スタジオには、あなたの言う盗作に関わった人もいるかもしれないが、全く関わっていない人もいるかもしれない」

検察官にそう指摘されても、かたくなだった。

青葉被告　「アニメーションとなると、小説のように完結するわけではなく、一つ一つのシーンに何人かの手が入っているということは、何人かで盗作のシーンを作っているということ」

さらに理不尽と思える考えを述べていった。

青葉被告　「（小説を）パクっているということを知らなかったとはいえ、知っている人に尋ねて、『この会社は危ない』と自分から退職願を出せば、回避できる問題だったわけです。知っていればいかようにでも回避できるのに、『知らない』というのは努力不足と言うと残酷かもしれませんが、なんで知ろうとしなかったのかなというのは、自分の中で大きな疑念として残っています」

検察官　「知る努力をしないと同罪か」

青葉被告　「同罪とまでは言わないが、知る努力をすれば、自分が犠牲者にならずに済んだと思う」

法廷内は変わらず静寂が保たれている。この言葉を聞いている人たちは、空しさや、あきれ、怒り、悲哀など様々な感情がない交ぜになっているように感じた。どうして命を奪われないといけなかったのか。その疑問の答えにたどり着くのが難しいことであることを実感した。

初公判で述べた「やりすぎだった」の意味

被告人質問の5日目となる9月19日、第7回公判で検察官は青葉被告に現在の生活について尋ねた。

検察官　「夜、眠れていますか」
青葉被告　「はい」
検察官　「裁判で緊張して眠れないことは」
青葉被告　「たまにある」
検察官　「大阪拘置所の居心地は」

青葉被告「体が不自由ですが、かなり配慮していただいて、不自由を感じないように職員が動いてくれている」

そして検察官は、初公判で述べた「やりすぎだった」という意味を聞いた。

青葉被告「ガソリンをまいて火をつけた。行き過ぎたと思っている。30人以上が亡くなった事件で、小説一つでここまでしなきゃならないのかというのは、正直な気持ちとしてある」

検察官からの質問があった時、事件について、初めて謝罪があるのではないかと耳を傾けたが、明確な発言はなかった。反省とも取れる内容ではあったが、京アニへの一方的な恨みが語られた後でもあり、空しく響いた。

第8回公判・遺族による質問

初公判から約2週間が経った9月20日の第8回公判では、被害者参加制度を使った遺族が初めて青葉被告に質問をした。最初に質問したのは、青葉被告が小説を書くきっかけになった京アニ作品「涼宮《すずみや》ハルヒの憂鬱《ゆううつ》」などのキャラクターデザインを手がけた池田（本名・寺脇）晶子《しょうこ》さん（当時44歳）の夫だった。

夫は、検察官側に設けられた自席で立ち上がり、証言台にいる青葉被告をまっすぐ見た。検察官が、夫を紹介する。遺族にどのような態度で、どんな言葉を選んで話すのか。初めて青葉被告が法廷に姿を現した時、また、被告人質問が始まった時と同じような緊張感が再び法廷内を覆った。夫は、大きく深呼吸をした後に話し始めた。

夫　「私は『涼宮ハルヒの憂鬱』で総作画監督をしていた池田、本名・寺脇晶子の夫です。本当はたくさんのことを聞きたかったですが、ルールや時間の制約があるようで、限られた内容ですが、質問を始めさせていただきます」

冒頭、男性は青葉被告のこれまでの人間関係を聞いた。

夫　「コンビニや派遣で働いている時、うまくいかない時に親族や友人で人生相談できるような人はいましたか」

青葉被告　「基本的にはおりません。自分で起こった問題は全て自分で片付ける方針でやってきました」

青葉被告は、これまでと変わらず、動揺した様子もない。投げやりな言い方も、弁護人や検察官からの質問の時と同様に変わらなかった。

青葉被告　「基本的に相談したとしても片付いた記憶がないので、先日述べましたが、そういう相談事に5時間費やすなら、自分一人で決めて問題を解決する。それで片付く方法を選んでいたということになります」

夫は険しい表情で、青葉被告を見つめていた。青葉被告は、弁護人や検察官からの質問に比べ、丁寧な言葉を選んでいる様子が話し方から感じ取れた。夫は事件についての質問を始めた。

夫　「（第1スタジオの）建物の構造に脆弱性《ぜいじゃく》があると思って放火したのですか」

青葉被告　「火災に関しての脆弱性までは、精密な建物構図とかが手に入るわけではないので、それらを認識していたことはないという答えしかないのが、本音でございます」

夫　「直観でらせん階段下に火をつけたのですか」

第1スタジオには吹き抜けのらせん階段があり、こうした構造が火の回りを早めたとの指摘がこれまであった。

青葉被告　「申し上げると、入って十数秒経つか経たないかで火をつけ、即座に出てくる感覚だったので、建物の構図がどうなっているか、直感的感覚で把握して考える、見て判断する暇はなかったと考えております」

そして、夫は事件で亡くした妻のことを聞き始めた。言葉を詰まらせ、声を震わせながら質問した。

夫　「池田晶子、本名・寺脇晶子は今回の事件のターゲットでしたか」

涙声での問いかけだった。法廷内の空気がこわばるように感じた。これまでよどみなく答えていた青葉被告が、初めて動揺しているのがわかった。

青葉被告「うーん……」

夫「ご存じなかった」

青葉被告「作画監督を務めている認識はあったと思いますが、ターゲットとして厳密に誰を狙うというより、京都アニメーション全体を狙うという認識でありましたので、個人という認識はなかったと言わざるを得ないです」

なぜ家族の命が奪われたのか。その疑問を、被告自身の言葉として聞き出そうとした質問だったと、メモを取りながら理解した。ただ、自分の家族を狙っていたわけではないとも取れる回答に、どんな思いだったのか。責任を逃れようとしているようにも聞こえた。

夫「事件前、放火殺人の対象者に、家族、特に子どもが……」

言葉が詰まる。

夫　「特に子どもがいることは知っていましたか」

数秒間の沈黙。そして、戸惑った様子で、答えた。

青葉被告　「申し訳ございません、そこまで考えていなかったというのが自分の考えであると思います」

うつむき、声のトーンは低かった。亡くなった人に、家族や、その人のことを大切に思っている人がいたことを、この質問から青葉被告自身が感じたようだった。落胆するような声色から、青葉被告はそうした存在について、これまで一度も考えてこなかったのではないかとも感じた。この時、事件がもたらしたものについて青葉被告がどこまで理解できていたかはわからない。ただ、青葉被告にとって想定していなかったことが、このやりとりにあったように感じられた。淡々と、動じず話していたこれまでとは、明らかに変化があった。私がノートに記した文字も、普段より乱れていた。

◆◆◆

その後、遺族代理人の質問に続き、当時22歳だった娘を亡くした母親が質問した。母親は、青葉被告がガソリンをかけた時の状況を確認した。社員との位置関係や距離を詳しく聞いた後、こう質問した。

母親　「あなたの目に入った女性社員2人のうち、ひとりは私の娘の可能性が高い。ガソリンを一帯にまいたというが、女性社員2人にかかったかは見ていないか」

青葉被告　「はい」

母親　「『死ね』と言った相手は、娘も含めた社員全体か」

青葉被告　「そうなります」

母親　「『死ね』は本心か」

青葉被告　「その時の本心で間違いない」

母親　「娘は入社したばかりで、別のところで2カ月間研修した後、第1スタジオに配属されたばかりだった。盗作されたというアニメが制作された後に入社した。そういう社員を想定していなかったのか」
青葉被告　「すみません、そこまでは考えておりませんでした」
母親　「制作した後で入社した社員も、死亡していいと思っていたんですか」
青葉被告　「そこまで考えが及びませんでした」

◆　◆　◆

全ての公判を傍聴した経験を振り返ると、この日が最も青葉被告の言動の変化が多い1日だった。遺族の質問に、声の調子を落とし、反省したように話したかと思うと、遺族らの代理人を務める弁護士にまた態度を変えた。
代理人　「被害者には家族がいる。被害者がどういう方なのかを考えていなかったのか」
青葉被告　「はい」
青葉被告はこれまでの被告人質問で、事件直前、現場近くで自らの10年間を思い返したと述べた。その時、「良心の呵責《かしゃく》があった」と述べていた。代理人が続ける。

代理人　「建物の裏で考え事をしていた。その時、良心の呵責があったと。被害者のことは、全く考えていなかったのか」
青葉被告　「自分の10年間のことに対して頭がいっぱいで、被害者ということまで頭が回りませんでした」
代理人　「良心の呵責とは、何を意味するのか」
青葉被告　「これだけのことをするのだから、それなりの人が死ぬであろうという……」
代理人　「放火殺人ということは、人が死ぬ。被害者の立場は考えなかったのか」

この質問に、青葉被告は突然、気色ばんだ。

青葉被告　「逆にお聞きしますが、(京アニは小説を)パクった時に何か考えたのか」
裁判長　「今あなたは質問する立場ではない」

それでも続けた。口調は強く、視線は食い入るようだった。

青葉被告　「被害者という立場だけ述べて、良心の呵責はなかったということでよろしいでしょうか」

遺族からの質問とは打って変わり、京アニに対する怒りをあらわにした青葉被告。弁護人から、この日のことを聞かれた。

弁護人　「今日、被害者参加人や被害者参加代理人から質問があることを知っていたか」
青葉被告　「知っていました」
弁護人　「昨日は寝られたか」
青葉被告　「寝ておりません」
弁護人　「これまでと比べてどうだったか」
青葉被告　「やはり追及が厳しくなったと思う」
弁護人　「あなた自身の体調は」
青葉被告　「ちょっと疲れています」

第9回公判・裁判員や裁判官による質問

9月25日の第9回公判に行われた被告人質問では、弁護人、検察官に続いて、初めて裁判員や裁判官からの質問があった。遺族や遺族代理人とのやりとりで感情の揺れ動きを見せた青葉被告が、時間が経って何を受け止め、答えていくのか。そんなことを考えながら傍聴席に座っていた。

これまで鋭い視線で、青葉被告を見つめていた男性裁判員が質問した。

裁判員「事件を起こした時の気持ちについて。火をつけて『やってやった』という気持ちか、『つけてしまった』という気持ちか」

青葉被告「当時を考えると、やった後とやる前で考えることができない。ある意味ヤケクソでないと、できない。一言で言うと、ヤケクソという気持ちになります」

裁判員「現在は京アニについて、どう考えているのか」

青葉被告「やはりやりすぎではなかったかと思っています。作品を取られたからといって、そこまで、人の命を奪うほどなのかと考え、悩むことは多くなりまして。そういう思いはある」

裁判員「やりすぎとは、人数のことか、放火したことか」

青葉被告　「火をつけることがこれだけの人を巻き込んだので、火をつけたことに対して」

この日は6人の裁判員のうち3人が質問をした。その後、男性の裁判官が質問をした。

裁判官　「小説が『つっかえ棒』になったと言っていたが、他につっかえ棒はなかったか」

青葉被告　「家族とは縁を切っていますし、家族からも縁を切られています。社会的立場はないし、得られるかというとないし、小説もこうなっているし、ないというのが」

裁判官　「(事件で自分が）亡くなることも考えていたか」

青葉被告　「そこまで考えていなかったというのが正直なところです」

裁判官　「今も恨みはあるか」

青葉被告　「何度となく人に恨みを抱いてきましたが、命を奪うということを実際に行うと、軽いものじゃないので、もう少しやってやったとか、そういう感情が生まれると思っていましたが、意外と悩むこともある」

裁判官　「涙ながらに語る被害者遺族の質問で思ったことは」

青葉被告「人がいなくなる、死んでしまって、この世から存在が消えるって、こういうことなんだなと思いました」

私がすぐに傍聴席や検察官の後に座る人たちに視線を移すと、目をつむり、動かず、静かに青葉被告の言葉を聞いている遺族らの姿があった。

第9回公判で7回にわたって行われた被告人質問は一区切りとなり、その後は事件当時、現場にいた社員の証人尋問があった。その尋問を受け、10月11日に改めて被告人質問（第12回公判）があった後は、最大の争点である刑事責任能力をめぐる鑑定医の証人尋問、検察側・弁護側が意見を述べる中間論告・弁論などが続いた。

第17回公判で青葉被告が語った後悔と反省

次に被告人質問があったのは、およそ1カ月半ぶりの11月27日。量刑を決める審理で、公判は17回を数えていた。半生や事件までの経緯、遺族からの質問を終えて、青葉被告が事件をどう受け止めているかが注目された。

弁護人　「前半の裁判が終わり、思ったことがあれば」
青葉被告　「一人ひとり顔がある人で、生活があって生きている人で、自分のようになった人も、病院で苦しんでいる人もいるし、子どもがいるのに亡くなられた人もいる、というのは痛感した部分がある」
弁護人　「事件についてはどう思ったか」
青葉被告　「あまりにも浅はかだったと思う。後悔が山ほど残る事件になったと思います」
検察官からも同様に聞かれた。
検察官　「どういう点が『浅はかだった』のか」
5秒ほど沈黙した後、話し始めた。
青葉被告　「一人ひとりみんな被害者は顔があり、生活があり、性格がある。それを考えずにガソリンをまいて火をつけて、恨みがあるとはいえ、ちょっとあまりにも考えが浅いと言わざるを得ない」

検察官　「何を後悔しているか」
青葉被告　「少し我慢というものを覚えたほうがいいという部分と、恨みがあり憎しみがあり、果たしたからといって、『やってやった』『ざまあみろ』という思いが残るかと言えばそうではなく、逆に……他に方法はなかったのかと思うと後悔が残る」
検察官　「反省しているのか」
青葉被告　「ちゃんと話をしていくべきで、思っていたことを出すというのが自分にとっての反省。取り調べを受けた時から全て話すことにしている。検察官から聞かれていることには黙秘していいいと弁護士から言われているが、話すべきことは話す。（そうした姿勢を）自分の中の反省としている」

◆◆◆

公判も最終盤となった11月下旬から12月上旬は、約90人分の遺族や負傷した社員の意見陳述や、供述調書の読み上げが続いた。

亡き家族との思い出や、大切な人を突然失った悲しみが法廷で語られた。無念さ、悔しさ、寂しさを前面に出す人もいれば、感情を抑え、「謝罪や反省は求めない」と言う人もいた。事件で夫を亡くした女性は、「被害者に大切な人がいるという当たり前のことを理解してほしい」と青葉被告に求めた一方、「福祉が被告に手を差し伸べ、事件を防げなかったのかとやるせない思い」とも述べた。

多くの遺族らが被告に対して厳刑を求め、被害者感情の立証は終わった。その間、青葉被告はほとんど身動きせず、静かに聞いていた。

第21回公判・最後の被告人質問

12月6日、最後の被告人質問（第21回公判）が開かれた。午前中、弁護人からやけどの状況や大阪拘置所での生活、リハビリをしていることなどを聞かれると、青葉被告の口からは現在の生活への感謝が語られた。

弁護人　「あなたの考えが変わったということですか」

青葉被告　「徹底的にやり返したいという考えがだいぶ減ってきたと思う。言い方に問題があるかもしれないが、早く大阪拘置所に来ていたら、こんな事件は起こさなかったと思います」

弁護人　「事件を起こす前に接してた人と、今接する人とでは、どう違うのか」
青葉被告　「親身になって対応していただき、愚痴を聞いたことがない。前は何事も自己責任だったが、何をやるにしても親身になって対応してもらっている」
弁護人　「青葉さんは裁判の前半で『底辺にいる人間』と言った。そういう環境とは違うか」
青葉被告　「底辺は、押し付け合い。押し付け合いの世界は、食い合いになっている世界で、（その中では）どう生き残るかしか考えていなかった。今は、献身以外の言葉がない。そういう人に対して、生き残りとか食い合いとか、考える必要性がない」

遺族らが法廷を見守る中、拘置所に早く来ていたら事件を起こさなかったという言葉は、想像力があまりに欠けていると感じた。ただ、その一方で、青葉被告を取り巻く人たちや、その環境が異なっていたらと想像すると、違う結果になっていたかもしれないとも思えた。
午後にあった検察側からの質問では、青葉被告の気持ちの変化が問われた。

検察官　「遺族や被害者の方の気持ちを聞き、被害者は36人だけではない。周りの人も被害者だと思ったか」
青葉被告「はい」
検察官「この法廷で遺族や被害者の方の気持ちを聞くまでは、そのような考えには至らなかったのか」
青葉被告「怒りが先行していた部分がありまして。短絡的に考えていたと言わざるを得ないと思います」
検察官「遺族の方の気持ちが読み上げられたのは最近ですよね。それまでの間、どう考えていたのか」
青葉被告「やはり怒りが先行していて、深い配慮が欠けていたということを返答とさせていただきます」
検察官「裁判が始まっても怒りが先行していたのか」
青葉被告「なかったとは思わない部分がある」
検察官「一人ひとりに生活があって、家族がいて、やりたいこと、夢があった。そのことに思いをはせる感情があり、悔いがあると言っていた」
青葉被告「それはあります」
検察官「夢を閉ざされ、命を奪われた方のご家族も法廷で聞いている。被害者も聞いている。自分に向けた感情ではなく、聞いている遺族、被害者に対してどのように思っているのか」

うつむきながら、答える。

青葉被告　「やはり、子どもがいらっしゃる方もいたということで、その辺のことも重く受け止めなければならないと思っています」
検察官　「重く受け止めるというのは、あなたが受け止めるということか」
青葉被告　「そうなります」
検察官　「『家族全員の心が死んだ』『胸が張り裂けそう』『心がまひした』『不条理』……。絞り出すように語られた方々への感情はどのようなものか」
青葉被告　「申し訳ありませんでしたという言葉しか出てきません」
裁判が始まって、初めて遺族への謝罪を口にした瞬間だった。
検察官　「その気持ちはいつ生まれたものですか」

数十秒間、青葉被告は考えるように沈黙した。

青葉被告「うーん……、弁護人と面会している時、裁判が始まる前辺りにだんだんそういった感情が芽生えるようになったというのがあります」

検察官「なぜ今までその気持ちを吐露しなかったのか」

青葉被告「いや、まあ、あの……。『やりすぎた』ということで、そういう形のことは言っていると思います」

検察官「『やりすぎた』という言葉は、『申し訳ない』という意味を含んでいるということか」

青葉被告「そういうふうに自分は捉えています」

謝罪の気持ちは裁判が始まる前からあったという。その半面で、京アニへの恨みが残っていたから、直接の謝罪の言葉ではなく、当初は「やりすぎた」という言葉になったのかもしれない。遺族からの質問や、意見陳述を経て、36人には家族や、つながりのある人がいたこと、または、そういう人たちの中に、36人がいたということに、気づくきっかけになったのだろうと考えた。社会から孤立し、人間関係を築くのが難しかった青葉被告だったからこそ、遺族とのやりとりが、気持ちの変化につながったように思えた。
最後に弁護人は、裁判にどう臨んでいたかを聞いた。

弁護人　「裁判のスタンスは、何が起こったかを全て話すことだった。どのように受け止められようとも、話すということだった」

青葉被告　「量刑にも影響すると検察官からも言われましたが、できるだけ答えようというスタンスです」

36人が亡くなった事件。被害者の数は、戦後最悪と言われた。青葉被告自身も大けがを負い、意識を失ったが、九死に一生を得た。5カ月間近い裁判で被告人質問が計10日間に及び、青葉被告の言葉からは「孤立」という社会の課題が浮かび上がった。青葉被告自身も、多くの人たちの言葉から気持ちが変化したように見えた。
被告人質問の最終日（12月6日・第21回公判）には、刑罰について検察官から問われる場面があった。

検察官　「（遺族の）意見陳述で『極刑を求める』『命をもって償うべきだ』などの言葉があったことを覚えていますか」

青葉被告　「覚えている」

検察官　「どう思いますか」

青葉被告　「やはり、その通りに、それで償うべきだと捉えている部分があります」

◆　◆　◆

翌日の12月7日に行われた第22回公判で、検察側は「日本の刑事裁判史上、突出して多い被害者数、地獄さながらの状況にさらされた被害者の恐怖と絶望感は筆舌に尽くしがたい」と述べ、死刑を求刑した。一方の弁護側は、妄想が大きく影響していたとし、心神喪失で無罪にすべきだと訴えた。弁護人の最終弁論が終わると、増田裁判長が青葉被告に「言っておきたいことがあれば言ってください」と促した。

青葉被告はマスクを外し、淡々とした口調で語った。

青葉被告　「質問などに答えることは自分のできる範囲でやってきたので、この場において付け加えることはございません」

結審後、裁判官と裁判員は量刑に関する評議を重ねたとみられる。

最後に告げられた死刑判決

年をまたぎ、2024年。判決があった1月25日は、朝から雪がちらついた。午前10時半に開廷。証拠の整理が再び行われ、弁論が再開。再び青葉被告に言いたいことがあるか、裁判長が問うと、青葉被告は数秒間考え込んで、「ありません」と述べた。再度結審し、休廷を挟んで午前11時に再開した。

青葉被告は証言席へ促される。うつむき、移動していく。裁判長は主文を後回し

判決を聞く青葉真司被告＝2024年1月25日、京都地裁（絵：岩崎絵里）

にし、判決理由を述べ始めた。

裁判長　「主文は最後に言いますが、心神喪失でも心神耗弱でもありません」

最大の争点だった刑事責任能力についての判断を示し、無罪ではないことを初めに伝える異例の形だった。昼の休廷をまたいで、1時間半余り、判決理由が読み上げられた。青葉被告は時折、首を上下にする動きを見せたが、それ以外はほとんど動かずに聞いていた。

午後1時40分ごろ。

裁判長　「最後に主文を告げます。被告人、よろしいですか」

青葉被告はうなずいた。

語気を少し強め、裁判長が言う。

裁判長　「被告人を死刑に処する」

2度繰り返し、説諭はしなかった。

青葉被告は頭を深く下げた。何を思ったかは、表情からはうかがえない。驚いた様子はなく、表情を変えず、うつむいたまま。量刑を速報するため、記者たちが慌ただしく法廷を後にする。遺族らはハンカチで目頭を押さえたり、鼻をすすったりしながら主文の言い渡しを見届けた。

（光墨祥吾）

2．記者との20分間の面会で語ったこと

青葉被告に死刑判決が言い渡された翌日の2024年1月26日午後。記者は被告に面会するため、大阪拘置所（大阪市都島区）の待合室にいた。

前日も、そしてこの日の午前も同じ場所を訪れたが、受付職員から「(青葉被告）本人が『辞退させてください』と言っています」と告げられ、面会はかなわなかった。

午前中には見かけた報道関係者とおぼしき人々の姿はすでになかった。長いすに座って

待つこと約30分。ノートに書き出した質問項目に不足はないだろうか、そう思って見返している時だった。「82番の方、14号面会室にお入りください」。突然のアナウンスに驚き、手に握った白い番号札を見返した。「82」。記者の番号だった。はじかれるように立ち上がると、面会室に続く扉を開けた。薄暗い廊下が奥に続く。手前から2～3番目の部屋が「14号室」だった。

室内には、まだ誰もいなかった。

5分ほどして扉が開いた。男性が、刑務官に車いすを押されながら入ってきた。刑務官が車いすを透明のアクリル板を挟んで私の正面に止めた。男性がゆっくりと目線を上げ、じっと私の目を見て名乗った。

「青葉です」

京都地裁での裁判員裁判を傍聴取材し、その背中を見てきたが、表情まで読み取れる距離で顔を見るのは初めてだった。

青葉被告は言葉を続けた。「どこの方ですか?」

記者は会社名と氏名を伝え、アクリル板越しに名刺を示した。青葉被告は「それ（名刺）を後で差し入れておいてもらえたら。次に来た時も、名前を見て会うようにしますから」と言った。

大やけどを負い、皮膚の移植手術を繰り返した青葉被告の右目は、目尻が少し下がっていた。その目を大きく見開いて、私をじっと見据える。

面会に立ち会う男性刑務官がタイマーをセットした。「20分」の表示が見える。「それでは始めてください」

記者　「判決から1日が経過したが、今の心境は」

青葉被告　「自分がやったことの責任はある。重く受け止めたい」

記者　「死刑判決を聞いた瞬間の心境は」

青葉被告　「自分も人間なので、やはり極刑を下されてショックを受けないことはない。厳粛に受け止めたい」

マスクを着用していた青葉被告の口元は覆われていて、言葉を発する口の動きはわからなかったが、少しこもった、低い声で語り始めた。

死刑判決後に控訴した理由

青葉被告は、死刑判決を聞いた瞬間の心境について、「厳粛に受け止めたい」と答えた一方で、控訴して裁判を続けていく考えであるとも述べた。

青葉被告「(裁判を) 続けないと、あなたのような記者とも会えないし、発信もできないので控訴するつもりです」

記者「何を発信したいのか」

青葉被告「こういう事件を起こした一人として、(一審・京都地裁の) 裁判で全部話していくことにしたが、後に教訓にしていただきたい部分が少しあります」

記者「これまで面会を受けていなかった。なぜ面会に応じたのか」

青葉被告「死刑になった以上、何かを隠しながら生きていくのはどうかと思う。これからは出て行こうと思いました」

記者「大阪拘置所の部屋ではどのように過ごしているのか」

青葉被告「汗が出ない体なので、空調をきかせた部屋じゃないといけない。中では本を読んだりしています」
記者「どんな本を読んでいるのか」
青葉被告「IT関連です。ちょっと関心がある。発明めいたものがある。電気釜をネットにつなげれば、無洗米を出して、水を適量出して、外からアクセスすることで、ご飯が炊ける。そういったことです」
記者「他には、どんなことを考えながら過ごしているのか」
青葉被告「昨日の今日ですので、厳粛に受け止めなければいけないと思っています」
記者「昨日はどのように過ごしていたのか」
青葉被告「一言で言えば、人と会いたくない。弁護士とは会い、普通に話はしました」
記者「判決が近づいた今週はどういう心境で過ごしていたのか」
青葉被告「プレッシャーを感じていました。30名以上亡くなられているので、極刑は避けられないだろうと思っていました」
記者「法廷では遺族とのやりとりもあった。遺族や被害者の顔も浮かんできたのか」
青葉被告「はい。浮かんできました」
入室してから、ずっと合ったままの目線を外し、少し下を向くしぐさを見せた。青葉被告にとっては答えにくい質問だと想像していたが、回答まで数秒ほど間を置き、淡々と答え続けた。

記者　「法廷で遺族とのやりとりを通じて感じたことは」

青葉被告　「それぞれの人生があるのは重く受け止めないといけない。一人ひとり、こういう絵を貼り付けて周りに認められて、頑張っている人がいた。アニメを役立てたい人がいる。痛感したのは、（亡くなった）一人ひとりの『顔』があるということです」

公判の最終盤になり、青葉被告は謝罪の言葉を述べるようになっていた。

記者　「公判では、青葉さん自身のいろいろな経験、半生も語っていた」

青葉被告　「今となっては、言い訳に過ぎないと思う。この年になって境遇がどうかというのは、どうかと思うこともある。裁判長も、この年齢になって境遇は影響していないと言っていたと思うので、そういうふうに受け止めたい」

実行されなかった「明日も来てくれたら会います」

面会室に備え付けてあるタイマーの時間を確認すると、残り時間は6分43秒だった。それまでは時間を見る余裕もなく、面会の機会は一度限りになるかもしれないという思いから、夢中で質問を重ねた。

待合室で待ちながら、頭の中で想定していた質問は半分以上聞き終わっていた。被告はここまで、記者の質問を小さくうなずきながら聞き、よどみなく答え続けた。時々、「うーん」と言って考えを巡らせる時間もあった。他の質問もした。

記者　「青葉さんが公判で語っていた半生は、日本社会を映しているようにも感じられた。どう考えているのか」

青葉被告　「例えば、日銀がお金を供給する時に物価が上がっている。物価対策をしないと財政破綻《はたん》につながる。その副作用として、物価が上がり続けないといけなくなる。普通の人の暮らしができない。最終的に我慢の限度を超えて、自分みたいな事件を起こす人が出てくるかもしれない。どうしようもないと思いますと」

記者　「秋葉原の無差別殺傷事件にも言及していた」

青葉被告　「秋葉原の事件の被告も、どこかの会社をクビになったのが引き金になったと思う。他人事《ひとごと》に思えないところがあった」

記者　「他人事に思えなかったのは、どうしてか」

青葉被告　「今の時代は、生き残るために食い合いみたいになっている。そういう時代というのを考えると、ああいう事件が起こったのは他人事とは思えない」

2023年12月7日、最終弁論を聞く青葉真司被告（絵：岩崎絵里）

記者　「青葉さんが裁判に出るために治療した医師らがいた。どんなふうに思っているか」

青葉被告　「うーん……」

大きく左右に頭を動かし、10秒くらい言葉に詰まった。他の質問では「それは、こうです」と最初に言ってから、自身の心境や考えを述べることが多かった。だが、この質問の回答はすぐに見つからず、よく言葉を選んでいる様子が伝わってきた。そして、こう返ってきた。

青葉被告　「そこは保留にしておきます」

ふいに出てきた言葉が聞き取れず、青葉被告に聞き返した。

記者　「もう一度お願いできますか？」

青葉被告　「はい、そこは保留にしておきます」

記者　「他に伝えたいことは？」

少し間を置いてから、青葉被告はこう答えた。

青葉被告「でも（裁判に出られるように）支えてくれた人には、ありがたいの一言しかない。感謝の言葉しかないです」

ピピッ。ここで面会終了を告げるアラームが鳴った。被告とは終始、目が合った状態で話し続けた。青葉被告から視線を離せなかった。

入室した刑務官2人に車いすを押されて退出する際、青葉被告はこちらを振り向いて言った。

「明日も来てくれたら会いますので」

記者のほうに小さく頭を下げ、退出していった。

◆　◆　◆

朝日新聞が青葉被告との面会の内容を翌朝の社会面と朝日新聞デジタルで紹介して以来、連日、大阪拘置所には報道各社の記者らが殺到した。私も再び被告の生の声を聞くために面会を申し込み続けた。しかし、今のところ、青葉被告が報道関係者の面会に応じる様子はない。

「発信できなくなるから控訴する」と面会で説明していた通り、青葉被告は2月7日、大阪高裁に控訴した。

（戸田和敬）

第4章
青葉被告の治療にあたった上田医師の思い

一時は意識不明だった青葉真司被告が会話できるまで回復し、裁判を行うことができた背景には、その治療にあたった医師らによる懸命な努力がありました。やけどは全身の9割以上に及び、緊急手術は12回を数えたといいます。第4章では、青葉被告の治療を担うチームの中心的な役割を果たした医師の上田敬博さんに、事件に対する思いを聞きました。

3．死刑判決が出た後もずっと考え続けていること

2019年7月20日。医師の上田敬博さんは当時勤務していた大阪府大阪狭山市の近畿

大学病院で、青葉被告と初めて対面した。ベッドに横たわる姿に、熱傷専門医として経験豊富な上田さんも「助からないだろう」と思ったという。事件から2日後のことだ。

青葉被告がリハビリを嫌がった理由

それから約4カ月、気を緩められず、悪夢にうなされたこともあった。「朝になったら彼が死んでいるかもしれないと思って」

判決後、報道機関の取材に応じる青葉真司被告を治療した上田敬博医師（提供：朝日新聞社）

生命の危機に瀕《ひん》した患者を救うのは医師として当然だが、この時はさらに特別な思いがあった。

手術室に立つと、どこからか「絶対に死なさないで」と声が聞こえてくる気がした。目の前の一人の命の裏側に、大勢の被害者や遺族の無念を感じた。「背中や肩を押されているようだった」

医師の自分にできることは、真相究明

の道筋をつくるために治療に徹すること。それが使命と感じた。

治療が功を奏し、同年9月中旬には声が出せるようになった。青葉被告は「ああ」と一言発した後、静かに涙を流したという。

それからほぼ毎日、朝と夜の15分間、話をした。思い描いていたような人物ではなかった。礼儀正しく、悪態もつかない。食事を出せば、看護師にお礼を言った。取り繕っている様子もない。

疑問に思った。どうして、彼が事件を起こしたのだろう。


リハビリを嫌がることがあった。理由を聞くと、言った。

「どうせ死刑になるから、やっても意味がない」

似たような言葉を何度か口にした。

「生きる価値がない」

「自分は『低の低』の人間」

事件の背景にあるものは、根が深い気がした。生い立ちを聞いたことはない。それでも、孤独や絶望が、彼を自暴自棄にさせたのではないかと思う。

「裏切られたこと、ありますか」と質問されたことがあった。

たくさん経験してきたことを伝えると、青葉被告は驚いた様子だった。

そして、付け加えた。裏切られたという理由で、人を傷つけたり、命を奪ったりすることは絶対に許されない。そういう自覚があるのなら、罪を償わなければいけない。「リハビリをするんだ」

返事はなかったが、受け入れているようだった。

救命の先にある意義を感じた瞬間

治療は進んだ。優しい言葉はかけなかったが、率直な思いを伝えたことで、自分に向き合ってくれる人だと感じてくれたのかもしれない。これまで、そんな人が近くにいなかったのだろうかと思いをはせた。

そして、ある時言われた。

「命の恩人です」

命の重みに、尊さに、やっと気づいたんだと思った。自分自身が死の淵に立ち、身をもってそれを実感したのだろう。上田さんは救命の先にある意義を感じた。

介助されれば体を起こせるまで回復した青葉被告は19年の11月14日、京都の病院に戻った。「彼の命をつなぎとめたことが真相究明につながるはず」。この頃になってようやく、上田さんはそれまでの日々を振り返る余裕を持てるようになった。

転院先の病院に車で向かう途中、上田さんは青葉被告に問いかけた。

「少しは自分の考えが変わったか？」

青葉被告はこう答えた。

「変わらざるを得なかった」

返事はこれだけだった。


20年5月に青葉被告が逮捕され大阪拘置所に移送されると、上田さんは再び、数カ月に1度、治療のために訪れるようになった。裁判が開かれることが決まり、どうしても伝えたいことがあった。

「今から厳しくつらいことが待ち受けているかもしれない。でも、目を背けずに向き合いなさい」

拘置所で治療をしたある日、そう伝えた。青葉被告から明確な答えは返ってこなかった。

青葉被告が治療中に口にした言葉の背景

23年9月5日、京都地裁で青葉被告の裁判員裁判が始まった。上田さんは「治療を通して命の重みを知ったのであれば、命を奪ったことに対する謝罪をしなければいけない。そして、何が彼を犯行へと走らせたのか。その背景を、社会が考えられる裁判になってほしい」と思っていた。

23回にわたる裁判で、青葉被告の生い立ちや事件直前までの行動が明らかになった。上田さんは治療中、事件のことは直接聞けなかった。治療中の青葉被告が「自分は生きる価値がない」と口にしたり、「裏切られたことはあるか」と質問したりした理由が、裁判が進むにつれ、理解できるようになった。

法廷で青葉被告が発した言葉には未熟と感じる内容も多かったが、自分なりの言葉で謝罪した姿は、治療中に投げかけた気持ちを受け止めた結果と思えた。

上田さんは23年12月、事件の遺族と面会した。青葉被告はどのような人物か、法廷で語る姿は治療時と変わりはないか。質問に対し、ありのままを話した。裁判が開かれたことへの感謝とともに、「反省が垣間見られたことが救いだ」との言葉があった。

青葉被告がいつ命を落とすかわからない緊張感と重圧の中、懸命に助けた意味があったと感じられた瞬間だった。

24年1月、京都地裁は青葉被告に死刑判決を言い渡した。治療を尽くした末に開かれた裁判だったが、なぜ事件が起きてしまったのか、どうしたら同じような事件を防げるか、考えるきっかけになったのかとの疑問は消えない。

事件直前、青葉被告は現場付近で思いとどまるべきかためらっていた。ずっと悩みを抱えながら、あの日に至ったのだろうと想像した。治療中、「仮に僕が事件を起こすべきではないと言っていたら」と聞くと、青葉被告は「やっていなかっ

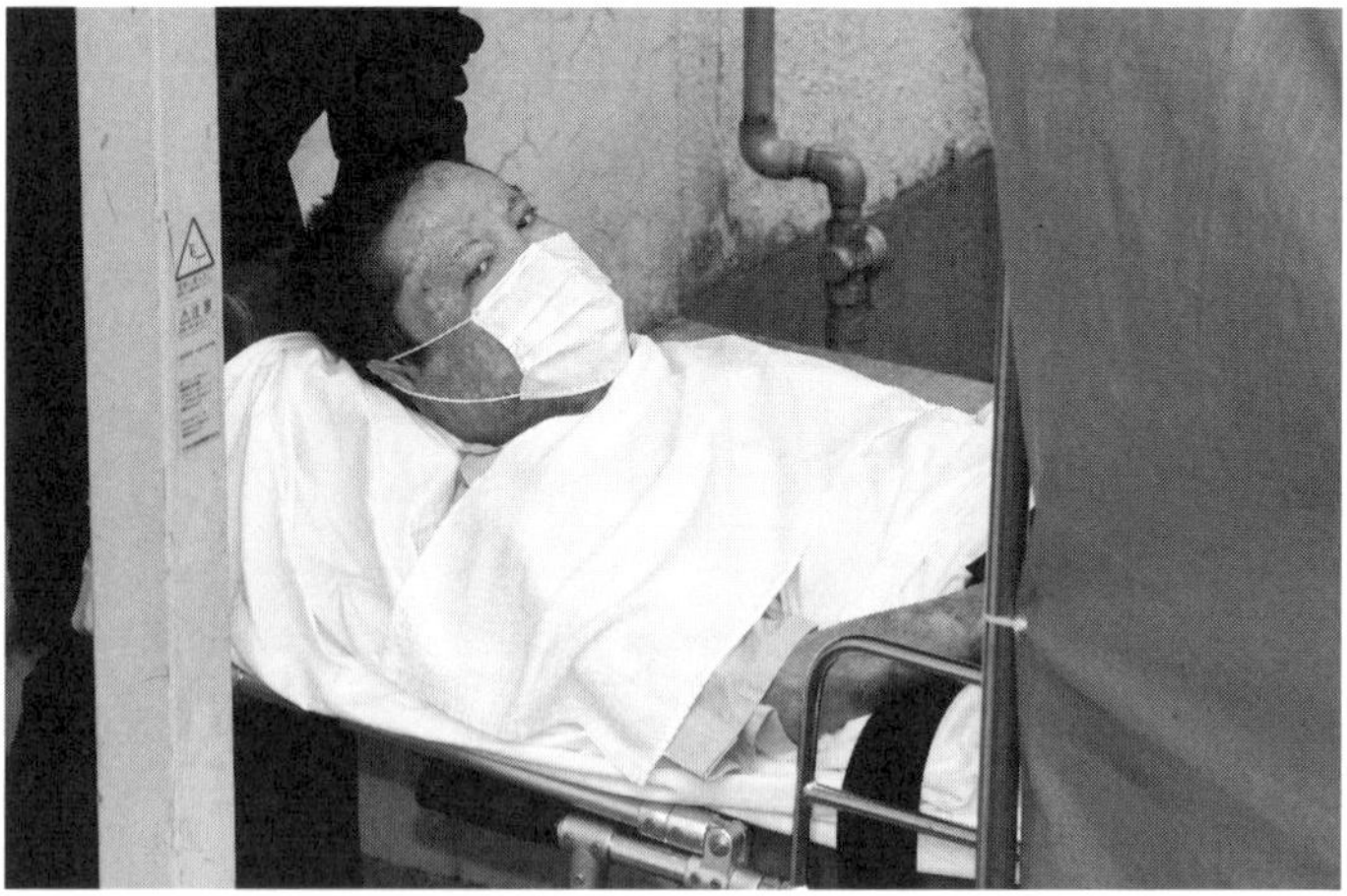

逮捕され、ストレッチャーに乗せられて京都府警伏見署に入る青葉真司容疑者（当時）＝2020年5月27日午前（提供：朝日新聞社）

たと思う」と答えた。孤立が人間を追い込むのだと痛感した。

「困った人に救いを差し伸べることをもう一度考えたい。そのためにも、判決が出て終わりにしてはいけない。どうしたらこうした事件が止められるのか、社会が考え続けなければいけない」

24年4月現在、鳥取大学医学部附属病院高度救命救急センター（鳥取県米子市）の教授を務める上田さん。生い立ちや理不尽な背景を理由に、関係のない人を巻き込む事件をどうすれば防げるか。あの時救った命の意味とともに、考え続けたいと思っている。

（聞き手・華野優気、光墨祥吾、関ゆみん）

第5章 公判で語られた遺族や負傷者の思い

京都アニメーション放火事件では36人が殺害され、32人が負傷しました。公判では、何人もの遺族や被害者による供述調書や陳述書が読み上げられ、あるいは自らの声でその悲痛な思いを訴えました。第5章では、それらの声を紹介します。

4．長男のために青葉被告に伝えたかったこと

つらい裁判に心は折れかけていた。それでも奮い立った。亡き妻のために、事件当時小学2年だった長男のために、青葉真司被告に思いを伝えなければいけない。その使命感で、京都アニメーションの代表作の一つ「涼宮《すずみや》ハルヒの憂鬱《ゆううつ》」のキャラクターデザインを手が

けた池田（本名・寺脇）晶子《しょうこ》さん（当時44歳）の夫、寺脇譲《ゆずる》さんは法廷で意見を述べた。
（※寺脇さんは法廷では匿名でしたが、朝日新聞の取材に実名で応じてくれました。）

「青葉さん、可能ならこちらを向いていただければ助かります」

2023年11月29日の第18回公判で、寺脇さんは声を震わせながら約30分間、青葉被告に語りかけた。寺脇さんはこの意見陳述の前に法廷で2回、青葉被告に質問をしていた。だがその間、青葉被告が寺脇さんと目を合わせることは一度もなかった。

《亡くなられた方、負傷された方のお話だけではなく、残されてもがき苦しむ人の話を少ししようと思います。
最初にこれだけははっきり言っておきます。私たちはこのような事件では負けません。必ずはい上がって乗り越え、より前に進みます。特に息子は、逆にこの事件を糧にして、前を向いていつか心の底から笑えるようになります。妻を、母親を殺されても私たちは不幸な人間にはなりません。不幸だと思うことが不幸ではないでしょうか。
青葉さん、あなたも京アニのアニメに感銘を受けて救われたことがあったと思います。

晶子もアニメに感銘を受け、アニメーターの仕事を選びました。青葉さん、あなたはそんな晶子の命を奪っただけでなく、その夢もぶち壊したのです。晶子だけでなく、他の京アニ社員の方々もあなたが感銘を受け、救われた作品を手がけた人たちです。その人たちに何をしたのかをきちんと考えてほしい。

この事件で最も苦しんだのは亡くなられた方、負傷された方だと思いますが、私は事件後に一番頑張ってきたのは、遺族になった何人もの子どもたちではないかと感じています。まだ親から生きていくすべを得ていない子どもたちがなぜここまで苦労を強いられなければいけないのか、大きな疑問です。不平も文句も言わず、黙々と生きている子どもを見るのが逆に親としては殺されるよりもつらいと思うこともあります。

あなたの罪は事件の犠牲者、被害者に対するものだけではありません。法廷に来ている人、来ていない人も含めた全ての遺族や被害者の家族にも苦しみを与えています》

青葉被告はうつむきがちで、時々目をつぶりながら寺脇さんの話を聞いていた。そんな青葉被告に寺脇さんはこう声をかけた。「青葉さん、可能ならこちらを向いていただければ助かります」。青葉被告は驚いたように、寺脇さんと初めて目を合わせた。寺脇さんは話を続けた。

《この裁判を見ていると、青葉さん、あなたも人生で苦労されてきたことは理解できます。ですが、あなた以上に苦しんで生きてきた人は、私の身近にもたくさんいます。人生に苦労する人は、数え切れないほどいることは知ってほしい。

刑事裁判が被告人の罪を裁く場であり、責任能力が争点になることは理解しています。ですが青葉さん、裁判官さん、裁判員さん、検察官さん、弁護人さん、メディアの皆さんには、青葉さんに刑罰を科すか、量刑がどの程度かという議論に終わるのではなく、こうした事件が生まれる背景を考えてほしい。社会から孤立する人が後を絶たないことが本当の論点ではないかと思います。

最後のお話です。晶子はただみんなが楽しく元気になるように、その手段としてのアニメ業界も元気になるようにと努力してきたが、逆に殺された。息子は寂しさに耐え、文句も言わず、我慢して前向きに進んでいる。それを見ている私もつらい。自分の罪に向き合い、本気で手を合わせて反省してほしいと思います。

晶子、私を夫にしてくれて、父親にしてくれて本当にありがとう》

意見陳述を終えた寺脇さんの目には涙が浮かんでいた。青葉被告はいつもよりうなだれているように見えた。傍聴席で聞いていた遺族や傍聴人はもう決して戻らない晶子さんと夫、子どもの日常を想像し、涙を流していた。法廷は重苦しい雰囲気に包まれた。

「裁判がこんなに苦しくつらいものとは思わなかった」。寺脇さんは公判中、報道陣に何度か打ち明けた。妻の名前が読み上げられるたびに楽しい思い出がよみがえり、胸が締め付けられたという。犠牲者の名前や死因が読み上げられたのもつらかった。木上益治《きがみよしじ》さん、武本康弘さん、石田奈央美さん……。妻が事件前に語っていた同僚の名前を法廷で聞き、被害の甚大さを再認識した。しんどくて何度も天井を見上げた。

それでも被害者参加制度を使って法廷に通い、青葉被告に意見を述べたのは父親、夫として責任を感じていたからだ。「なんでママは殺されたの」と長男から問われた時に、説明できる父親でいたかった。妻も望んでいる気がした。前を向き、未来へ進むため裁判を見届け、妻と長男に納得できる判決を報告したい。その一心だった。

仕事には厳しいが、普段は優しい人だった

晶子さんはアニメが大好きだった。小学5年の時に宮崎駿監督の長編アニメ作品「風の谷のナウシカ」を担任の先生から見せてもらったことがきっかけで、宮崎作品はほとんど

見た。中学生になると家で漫画を描くようになった。同人誌を作ってコミックマーケットで売ったこともある。高校を卒業後はアニメの専門学校で学んだ。卒業時の成績はトップだった。知り合いから別の就職先を紹介されたが、「自分の力で入るから」と断って京アニに入社したという。

晶子さんが入社した頃、アニメーターの地位はまだ高くなかった。原画1枚あたり5～20円という出来高制の安い給料で生活は苦しかった。それでも描き続けた。初めは「ドラえもん」「クレヨンしんちゃん」を担当。夕食も忘れて仕事に打ち込み、終電で帰宅した。その後は2000年放送開始の戦国時代を舞台にしたアニメ「犬夜叉《やしゃ》」では作画監督を務めた。

アニメへの熱意と努力は、京アニ社員から一目置かれていた。京アニで30年以上働き、18年に退社したアニメーターの上宇都《かみうと》辰夫さんは「犬夜叉」の制作チームで約2年間、一緒に仕事をした。

上宇都さんによると、晶子さんは親しみやすいキャラクターを作るのがうまかった。犬夜叉のキャラクターは、インターネット上で「かわいい」と話題になった。そして研究熱心だった。「うそをついてはいけない」と和服の写真集などを買い、「犬夜叉」のキャラクターがまとう和服や時代劇の所作を忠実に描くことにもこだわっていた。

仕事には厳しいが、普段は優しい人だった。週に1度、社員で開かれていたデッサンの勉強会では「これは違う」と後輩の絵に対して鋭く指摘した。一方で休憩時間には冗談交じりに趣味を話すなど、おちゃめな一面もあって社員の輪の中心にいた。好きなアニメキャラクターを描いてほしいと上宇都さんが頼むと、喜んで描いてくれた。「サービス精神にあふれ、仲間のことをいつも考えてくれていました」

子どもを寝かしつけた後も、デッサンを繰り返していた

晶子さんは「犬夜叉」を手がけた後、06年からテレビ放映された「涼宮ハルヒの憂鬱」のキャラクターデザインを担った。知人の紹介で寺脇さんと出会ったのはこの頃のことだ。

寺脇さんは晶子さんとの初めてのデートをよく覚えている。晶子さんはこの時もアニメについて熱っぽく語っていた。寺脇さんが仕事を聞くと、晶子さんは「アニメーターで、『涼宮ハルヒの憂鬱』っていうのを描いている」と答えた。作品を知らなかった寺脇さんの「どんなアニメなん?」という問いに話が止まらなくなった。「女の子がいて、その友だちに宇宙人と超能力者がいて……」。イラストを紙製のお手ふきの裏に描いてくれた。

寺脇さんは「それほど有名ではないアニメーターなのかな」と思った。後日、職場のア

ニメ好きの上司に晶子さんとの交際を明かすと、「今一番売れているアニメやで」と言われ驚いた。

07年に結婚した。2人で生活する際の約束は家庭と仕事を分けることだった。ただ晶子さんは「実力が足りない」と言っては、結婚後も自宅でデッサンを続けた。モデルは寺脇さんで、「手、貸して」「首、貸して」と繰り返し描いた。首を描く時は、服を脱いで邪魔な毛をそるように頼まれた。「毎日修練を欠かさなくて、すごいと思った」と寺脇さんは振り返る。

描く物を実際に観察することも大切にしていた。ある時、晶子さんはハスの花を描きたかったが、細部がよくわからず悩んでいた。寺脇さんはそんな晶子さんのためにインターネット上でハスの花を探して見せたが、晶子さんから「それではだめ。実物を見ないと」と強く言われた。京都市左京区の京都府立植物園に付き添った。

子どもを授かってからは、育児をしながら自宅で絵を描き、会社で打ち合わせる日々が続いた。忙しかったが、デッサンは怠らなかった。子守歌を聴かせて子どもを寝かしつけた後、夜遅くまでデッサンを繰り返していた。

「こんなの描いたよ」と絵を見せる晶子さんはいつもうれしそうだった。そして他のアニメーターが描いたアニメを見ては「すごい」と声を上げた。一方で自身の作品には厳しく、「この首のラインが、手のラインが」と、子どもとアニメを見ながら改善点をつぶやいた。「何に納得していないのか素人にはわからないほど細かいことを気にしていた。こだわりが強かった」と寺脇さん。

晶子さんは事件直前の19年春には、高校の吹奏楽部を舞台にした「響け！ユーフォニアム」のキャラクターデザインを手がけていた。楽器を持ってポーズを取った自身の写真をもとに、指の向きにまで気を配って描くなど丁寧に作業を進めていた。

長男は寂しさをこらえていた

事件が起きた19年7月18日、仕事中だった寺脇さんは知人から「京アニがえらいことになっているわ。今すぐニュースを見て」と言われた。インターネットでニュースを確認すると、第1スタジオが放火されたという速報が出ていた。寺脇さんは仕事を切り上げて車で第1スタジオに向かったが、現場の手前で警察に止められてたどり着けなかった。その間、何度も晶子さんに電話をかけたがつながらなかった。

晶子さんの机は、第1スタジオ2階のらせん階段近くにあった。事件前に何度かスタジオ内を見たことがある寺脇さんはよく覚えていた。晶子さんは事件対応で忙しく、電話に出られないのかもしれないと思った。京アニに電話したところ「救急車で運ばれた人のリストにはお名前はありません」と言われ、「全くけがもなくて良かった」と安心していた。

ただ夕方になっても晶子さんの安否はわからなかった。再び現場近くに行き、警察官に事情を話すと「連絡がつかないのなら、お亡くなりになった可能性が高い」と告げられた。

寺脇さんは事件の翌日から長男と現場近くに通い始めた。現場で晶子さんが好きだったジュースやお菓子を供えた。「ママたべてね」「ママありがとう」。長男は付箋《ふせん》に手紙を書き続けた。DNA鑑定を経て、事件から約1週間後に京都府警から晶子さんが亡くなったと伝えられた。

長男は寂しさをこらえていた。事件からしばらく経ったある夜、親子2人で並んで寝ていると、長男の布団がごそごそ動いた。昼間は涙を見せなかった長男は泣きながら「さみしい」とつぶやいた。長男はそれから母のことをあまり話さなくなった。

平穏な日常は二度と戻ってこないのでは。ずっと前を向けないのでは。母の話をせず、涙も見せずに強がっている長男の深い喪失感を感じ取った寺脇さんは不安になった。自分自身も青葉被告への負の感情に引っ張られ続けるのではないかと怖くなった。明るく元気な父親を無理やり演じることにした。

長男には青葉被告を恨まずに、自分自身と向き合おうと伝えた。「夢や希望を自分の努力でかなえられたら、それは青葉さんにされたことに打ち勝ったことになる」と語りかけた。事件で突然母親を失った我が子への言葉として、理想的すぎるのではないかという葛藤はあった。それでもこう考えないと、2人で生きていけない気がした。

長男には「事件で母親を失ったかわいそうな子ども」として周りの人に甘やかされるような人生を送ってほしくなかった。長男が「ぼくママいないから、しょうがないよ」と正しくないことをしたり、物事に正面から向き合えなくなったりする恐怖があった。

寺脇さんのそんな声がけや思いを長男なりに受け止めたのかもしれない。長男は家事を手伝いながら、勉強に打ち込むようになった。医師に憧れ、晶子さんがデッサンをしていた自宅の机で猛勉強を始めた。寺脇さんが長男に付き添って勉強を教える日々が続いた。

事件から2年半ほど経った頃、長男は母のことを少しずつ話せるようになってきた。事件から4年を前に親子2人で京都府宇治市の平等院を訪れた時のことだった。「ママ、どうしているかな?」と寺脇さんが何げなく尋ねると、長男は「ママは天国で生まれ変わる準備をしていると思う」と返事をした。寺脇さんは成長した長男の姿に、事件について問われる日も近いと感じた。

寺脇さんは裁判を前に長男にこう語りかけた。「いくら前向きに生きようとしても、やっぱりしこりは残るよね。それはパパも一緒だよ。だからパパは裁判で青葉さんに言えるだけの文句は言ってきてあげる」。長男は大きくうなずいていた。

入廷する青葉被告を見て突然あふれた涙

23年9月5日の初公判。寺脇さんはワイシャツにネクタイを締め、傍聴席の前方に座った。事件から4年を経ての裁判に「やっと始まってくれた」という思いが強かった。午前10時半ごろ、入廷する青葉被告を初めて見て突然、涙があふれた。理由はよくわからない。「ようやく事件を起こした張本人を見ることができたからだろうか」

検察側は冒頭陳述で事件の動機や青葉被告の生い立ちについて説明した。京アニに小説のアイデアを盗まれたと思い込んだことが動機になったと検察側が指摘した。寺脇さんは青葉被告の身勝手さに憤りを感じた。一方、親から虐待を受け、貧しい幼少期を過ごしたという生い立ちには青葉被告の孤独を感じた。インターネット空間で多くが完結し、対面の交流が減っている現代社会の負の側面が事件に影響したのではと考えた。「つまずいた時に周囲の支えがあれば事件は起きなかったのかもしれない」という思いも生まれた。

疑問も募った。「青葉さんは、事件を起こせば自分よりかわいそうな人が生まれることがなぜわからなかったのか」

弁護側は、青葉被告は事件当時、心神喪失状態にあり、「闇の人物」の影響で事件を起こしたと主張した。寺脇さんは「何をしゃべっているのか、さっぱりわからなかった」と首をかしげた。

証拠調べでは、黒煙が充満するスタジオ内で晶子さんが「窓を開けて。割って」と叫んだとする生存者の調書も読み上げられた。寺脇さんは「晶子は懸命に生きようとしていた。もし窓が開いていたら」と声を詰まらせた。

初公判を傍聴した後、報道陣に語った。「これで判決が出れば、長男にも晶子にも報告できる」。時折涙を浮かべながら、一言一言かみしめるように。

判決以上に大切だと考えていたことがあった

寺脇さんは事件の背景について、裁判を通して考える大切さを何度も語った。「人には心の闇があり、誰でも青葉さんと同じ心境に陥る可能性があるはず。同じような事件は自分の隣で起きるかもしれない、そして、なぜこんなつらい事件が起きてしまったのかを考えてほしい」

「命を救ってくれたから、この日がある。本人に聞ける」と青葉被告の治療を担当した上田敬博医師への感謝も口にした。

初公判から2週間が経った9月20日の第8回公判で、遺族の被告人質問が始まった。最初に質問したのが寺脇さんだった。天井を見上げ、深呼吸をして、検察側の席から青葉被告と向き合った。まず「晶子の夫です」と伝え、約10分間にわたって質問を続けた。寺脇さんは青葉被告をじっと見つめていたが、被告が寺脇さんに顔を向けることは一度もなかった。それでも寺脇さんは青葉被告が発する言葉に何度もうなずいた。

寺脇さんが「あなたはコンビニや派遣で働いている時、うまくいかない時に親族や友人で人生相談できるような人はいましたか」と問いかけると、青葉被告は「基本的にはおりません。自分の問題は全て自分で片付ける方針でやってきた」と答えた。

晶子さんがキャラクターをデザインした「涼宮ハルヒの憂鬱」に感動したことが小説を書き始めるきっかけになったと話す青葉被告に、寺脇さんは「池田晶子は事件のターゲットでしたか」と声を震わせながら尋ねた。青葉被告はしばらく沈黙した後、「作画監督を務めているという認識はあったが、京アニ全体を狙う認識。個人を狙う認識はなかった」と小声で答えた。

寺脇さんは最後に、「あなたは放火殺人の対象者に家族、特に子どもがいることは知っていましたか」と問いただした。青葉被告は「申し訳ございません、そこまでは考えていなかった」とうつむきながら述べた。

どんな答えでもまずは受け止めて冷静でいようと自らを奮い立たせていたが、青葉被告に反省の色は見えなかった。むしろ、ただ極刑を望んでいて、裁判が早く終わってほしいと思っているのではと感じた。失望し、無気力になりかけていた。

ただ、青葉被告にさらに聞かないといけないことがあった。本当に反省しているのか。事件を今、どう感じているのか。晶子さんや長男にとっても青葉被告の真の気持ちを聞き出すことは判決以上に大切だと考えていた。

「強く強く反省していますか」に対する青葉被告の答え

11月27日の第17回公判で、再び被告人質問に立った。青葉被告の目や口の動き、話す時の様子にも注目して、正直にありのままの気持ちを話しているかを確認しようとした。青葉被告には今度こそ自分のほうを向いて率直に語ってほしいという思いもあった。

しかし、冒頭で「具体的な質問をする前に、質問する側の気持ち、前提をお話しさせていただきたい」と自身の気持ちを述べようとすると、弁護人が異議を唱えた。裁判長は「心情についてはは発言されないでください」と寺脇さんに伝えた。

寺脇さんは気持ちを述べることを諦め、「今までの裁判で出ているように、『涼宮ハルヒの憂鬱』など京アニの作品に感銘を受けて、小説を書き始めたんですよね」と、青葉被告が法廷で語ってきた内容を確認した。それに対して青葉被告は「そうでございますが、これ以上の答えは差し控えたいと思います」と答えた。弁護人はこの日の公判で「被告人質問は検察側による被害感情の立証が済んでからにすべきだ」と主張していて、青葉被告はその後も「差し控えたい」「後で答える」と繰り返した。

寺脇さんは準備した質問を最後まで続けられなかった。閉廷後、「想定外だった。私たち遺族の心情は何なんだろうかと、非常にショックを受けた。本当に情けなく、裁判が始まってから一番つらい日になった」と涙を流した。「遺族が心情抜きで被告に質問するのは難しい」と弁護人の異議への違和感も吐露した。

11月29日の第18回公判での意見陳述を経て、12月6日の第21回公判で寺脇さんは3度目の被告人質問に立った。青葉被告が本当に反省しているのか、今度こそ確かめたいと考えていた。自身を含め、多くの遺族が涙ながらに語った意見陳述によって、青葉被告の気持ちが少しずつ変わってきているのではという期待も持っていた。

寺脇さんが「晶子に対して今どう思っていますか」と尋ねると、青葉被告は力なく「申し訳ないと思います」と答えた。「あなたは『京アニによる盗用』が今も許せませんか」という問いには「そういう感情は薄れてきた」と答えた。

また「この事件を起こしたことを今この瞬間、反省というか猛省というか、強く強く反省していますか」という問いに、青葉被告は「しております」と返事をした。

最後に「これから事件に向き合い、自分の行ったことを反省、猛省して、できれば再発防止に協力してもらえますか」と問うと、「わかりました」と答えた。

寺脇さんは閉廷後、「そう思う理由を自分の言葉で伝えてほしかったが、考えて答えようとはしてくれた。晶子と子どもにしっかり報告できる言葉は引き出せた」と振り返った。

判決を傍聴席の最後列から見守った

翌日の12月7日の第22回公判で検察側は死刑を求刑した。寺脇さんは求刑後に再び意見陳述に立った。

《青葉さんは強盗などの前科を重ねた後、更生施設に入所し、その後は生活保護を受給するなど、公的ケアにアクセスできていながら、訪問看護など救いの手を自ら拒絶しました。青葉さんが一度ならず二度、更生に失敗しているという事実は決して過小評価すべきではありません。

ここで強調したいのは、更生に失敗し、36人の命が筆舌に尽くしがたい理不尽によって失われたということです。晶子にはアニメーターとしての明るい未来と、子どもと歩む幸せな人生があるはずでした。晶子は正直、青葉さんを恨んでいると思います。

私は、青葉さんには、刑法で定められた中で最も重い刑罰が科されることを望みます。下される判決は、12歳の息子が聞いて理解できるような内容であってほしいです。そしてここに立ちたかったであろう晶子が受け入れられるような判決を、仏前に報告できるよう望んでいます》

この日を含めて被告人質問と意見陳述で計5回法廷に立った。寺脇さんは閉廷後、穏やかな表情で「晶子が望んでいるだろう求刑で安堵《あんど》している」と報道陣に語った。「自分の立場でやらなければいけないことは精いっぱいできた」とも振り返った。

判決が一区切りになる、という思いが強くなっていた。ただ、年が明けた24年1月上旬ごろから「本当に区切りなのか」と、晶子さんの遺影を見ながら悩むようになった。

もっとアニメを描きたかっただろうな。子どもの成長を見たかっただろうな。今は子どものことを心配しているだろうな。「死刑になったからといって晶子の無念や心配はクリアにならない。晶子にとっては通過点に過ぎない」という思いが強くなっていた。

また、長男にとっても判決は区切りにならないと考えるようになった。「長男が明確な目標を持って前を向けるようになった時が、区切りなのではないか」

寺脇さんはそんな思いを胸に、1月25日の判決を迎えた。体調は思わしくなかった。それでも傍聴席の最後列から見守った。死刑判決を言い渡される青葉被告を見た時、理由はうまく言葉にできないが、涙があふれた。「晶子と子どもの気持ち通りの判決になったという安堵と、晶子が浮かばれるか、子どもが前を向いて生活していけるかという不安が複雑に混じっていたと思う」

閉廷後、退廷する青葉被告を立ち上がって見つめた。判決を受け入れているのか、受け入れていないのか。青葉被告から感じ取りたかった。

青葉被告は無言で深く頭を下げ続けた

判決は納得できるものだった。判決後、裁判所や検察、京都府警、マスメディアなどへの感謝の気持ちがあふれた。ただ、裁判の流れや審理内容には課題もあると感じた。裁判では責任能力や量刑に関する事柄ばかりが審理された。その一方で、らせん階段の存在や屋上への扉が閉まっていたことなど建物の構造が事件の被害拡大につながった可能性がある点については、ほぼ言及がなかった。青葉被告は投稿サイトで知り合ったという女性監督への恋愛感情も語っていたが、この点と事件の関係性もあいまいなままだと感じた。

刑事責任能力がない「心神喪失」の人の行為は罰しない――。こう定めている刑法39条を適用するか否かの審理を最優先する裁判の流れもおかしいと感じた。今回の裁判では、遺族の意見陳述の前に裁判官と裁判員が非公開で刑事責任能力の有無を判断した。「遺族が涙ながらに訴えた意見陳述は何だったのか。ほぼ判決が出ているような状態で行われたことに今も疑問を感じている」

青葉被告の弁護側は1月26日、京都地裁の死刑判決を不服として、大阪高裁に控訴した。判決の翌日に控訴したことに疑問を感じた。報道陣に「青葉さんと弁護人が熟慮を重ねた上での控訴だったのか。もし安直な気持ちで控訴したのだとしたら、許せない」と語気を強めた。

週が変わった1月29日、寺脇さんは大阪拘置所（大阪市都島区）に向かった。そこで初めて青葉被告との面会がかなった。

アクリル板越しに20分間、言葉を交わした。同じような事件が二度と起きないような教訓を見いだすため、被告が真に思っていることを引き出したかった。裁判官や検察官、弁護人らがいない法廷外で青葉被告が真に反省しているかどうかも確かめたかった。

寺脇さんは最初に「私に気を使う必要はありません。本当に話したいことを話してください」と伝えた。すると、青葉被告は困ったような表情を見せた後、10分以上アニメの話を続けた。その後、寺脇さんが「晶子を殺され、残された私も子どもも寂しい」と話すと、青葉被告は無言で深く頭を下げ続けた。

翌1月30日にも寺脇さんは青葉被告と20分間、面会した。「晶子におわびでも謝罪でもなく、何かメッセージはありませんか」と聞くと、頭を下げて「本当に申し訳ない」と話したという。

準備していた質問の全ては投げかけられず、会話がかみ合わない場面もあったというが、寺脇さんは2度目の面会後に「青葉さんなりに、公判中から事件を心から反省し、被害者や遺族に謝罪しようとしていたことは伝わった」と語った。

「少しでも前を向くために、せめて青葉さんの心からの反省と謝罪があればと思っていた。面会して本当に良かった」とし、「これで青葉さんとはいったんけじめをつけたい」とも話した。

事件は、青葉被告の性格が大きく影響したと思う。一方、社会が事件を生んだ側面もあると感じている。

「親であれ、友だちであれ、『ちょっとそれおかしいんじゃない?』と声をかけてくれる人が青葉さんにはいませんでした」

寺脇さんは、青葉被告と向き合いながら、学生時代に好きだった言葉を思い出していたという。

「あなたの国があなたのために何ができるかを問わないでほしい。あなたがあなたの国のために何ができるかを問うてほしい」

ジョン・F・ケネディ米国大統領が1961年の就任演説で述べた言葉だ。一人ひとりが目の前の苦しんでいる人を助けるために行動することの大切さを説いたものだと、寺脇さんは理解している。

例えば電車の中で困っている人や体調が悪そうな人に席を譲ること。そんな些細《ささい》なことを一人ひとりが積み重ねることが、事件を止めるための糸口になるのかもしれないと感じている。

5．受け止めることができない、娘がいない現実

「娘の遺体とは対面できませんでした。えげつない状況で、娘はどんな思いだったのか」

２０２３年11月30日。京都地裁の法廷で、事件当時49歳だった石田奈央美さんの母親（82歳）の供述調書が検察官によって読み上げられた。その言葉一つひとつを、青葉被告は表情を変えることなく聞いていた。

事件発生後、石田さんの両親は青葉被告の公判が始まるのを待ち望んでいた。しかし、法廷に２人の姿はなかった。

「他人に自慢はしないし、人に親切な子でした。何か頼まれても嫌とは言いませんでしたね」

病院を退職し、アニメーターを養成する専門学校へ

京都地裁の判決後の24年3月、記者は石田さんの母親の自宅を訪ねた。どんな娘さんだっ

たんですかと質問すると、母親は昔をなつかしむように語り始めた。石田さんは1969年8月6日に生まれた。夫と結婚して2年目に授かった初めての子どもだった。

　赤ちゃんの時はほとんど泣かず、とにかく元気な子どもだったという。近所の銭湯に連れて行ってバスタオルをかけてあげると、足で勢いよく蹴ってめくりあげた。夜はなかなか寝付かずに未明までハイハイしていた。電気を消しても、はいずり回っていたのを覚えている。病気もしなかったので手はかからなかったという。

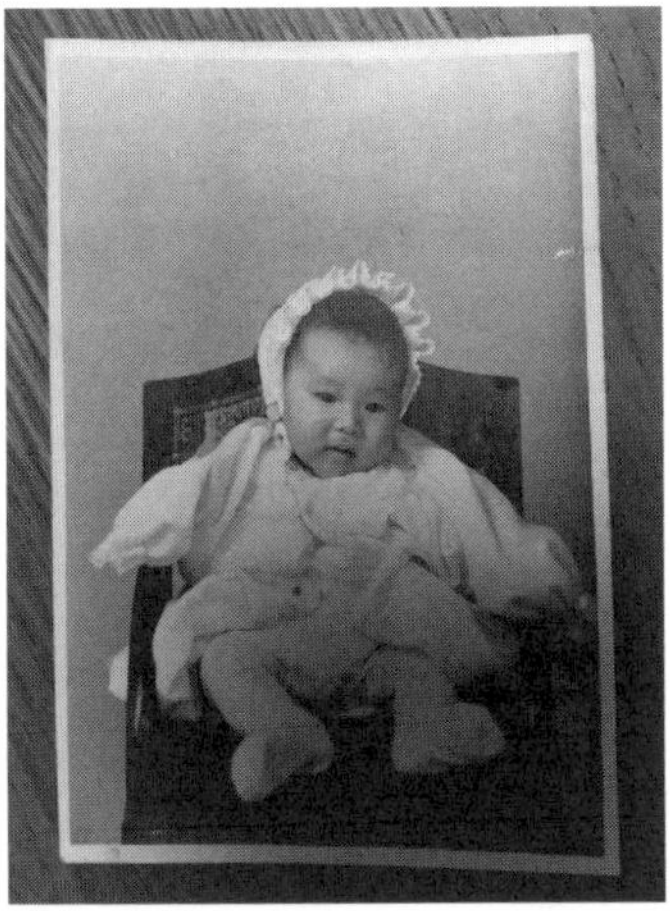
生後2カ月頃の石田奈央美さん（提供：石田さんの母親）

　夫は西陣織に使う糸の染色職人で、昔気質《むかしかたぎ》の人だった。母親も西陣織の帯を織る職人だった。結婚後も2人、仕事を続けた。

　石田さんも手先が器用だった。3歳の頃には色紙で人形を折っていた。小学生の時はビーズの小物づくりに夢中になり、人魚や花などこまごましたものを作って大切にしていた。

　絵を描くのも大好きだった。幼稚園児だった時、たくさんの鳥が羽ばたく絵を描いた。上手だったので園の廊下に展示された。中学生になると、アニメ「銀河鉄道999」に登場する、メーテルの絵をよく画用紙に描いていた。「絵はしょっちゅう描いていました。好きなことには没頭しましたね」

どちらかというと無口なほうだったという。高校受験の時も黙々と勉強した。中学の先生からは「どこでも受かる」と言われたが、自宅から近い高校に進学した。空や星座が好きで、部活は天文地学部に入った。

高校卒業後、母親の勧めもあって、石田さんは看護職で病院に勤めた。しかし、アニメへの思いは断ちがたかったようだ。病院を退職し、アニメーターを養成する専門学校に入り直した。

学費はアルバイトなどをして支払った。午前中にかまぼこの製造所でパート従業員として働き、昼から専門学校に通って勉強した。

専門学校で見つけたのが、京都アニメーションからの求人だった。当時は今ほど有名ではなく、小さな会社だった。京アニに入社しようとする石田さんに、アニメに関心のなかった夫は「内職の延長のような仕事をするな」と大反対した。当時のアニメ業界の報酬は出来高制で、収入が不安定だというイメージがあり、娘の将来を案じたのだった。石田さんは特に反論はしなかったが、意志は揺らがず就職した。91年、22歳になるかならないかの頃だった。

待っていたのは、毎日のように夜遅くまで働く日々。締め切りが近いと土日も出勤した。ただ、仕事の不満は口にしなかったという。しんどいと弱音を吐いたこともなかった。「アニメの道を突き進んだ。そういう意味では筋が通っていましたね」と母親は振り返る。

「みんなのお姉さん的な存在でした」

京アニはアニメ「ドラえもん」の制作に携わっていた。石田さんが手がけたドラえもんのポスターを京アニ幹部が取引先の制作関係者に見せたところ、「とても新人とは思えない」と出来栄えを称賛されたこともあったという。

石田奈央美さんと同僚（提供：石田さんの母親）

石田さんは「ドラえもんは丸だから難しい。複雑な絵は多少はごまかしはきくけど、ドラえもんは単純なのでごまかしはきかない」と教えてくれたのを、母親は覚えている。

石田さんは京アニで色彩設計を担当していた。登場人物や背景などの色を決める責任者で、作品のイメージを左右する重要なポジションだ。青葉被告が感銘を受けたと打ち明けた「涼宮ハルヒの憂鬱」や「氷菓《ひょうか》」など京アニの人気作品の数々を担当した。

京アニ元社員の上宇都辰夫さんは、石田さんの仕事ぶりを尊敬していた。上宇都さんによると、色彩設計は作品の世界観やシーン、キャラクターの心理状態などを考えながら場面に応じて配色を決めていく難しい作業という。石田さんは長年の経験とセンスをいかしてこなしていた。年長者として若手を引っ張る立場で、後輩たちにとっては目標でもあった。「みんなのお姉さん的な存在でした」

京アニが発行した「私たちの、いま！ 2019」という題名の本がある。スタッフが作品づくりへの思いを語った一冊で、石田さんも登場する。毎日映画コンクールで大藤信郎賞をとったアニメ「リズと青い鳥」の制作を振り返って、こんなコメントを寄せている。

「透明感のある美しい背景の色味にキャラクターを合わせつつ、全体的な彩度を落としました。淡くて白に近い色でも、目に優しいパステルカラーのようなふわっとした印象になるように調整しています。色が明る過ぎるとその色にばかり目がいってしまい、ストーリーに集中できなくなってしまうこともあるので」

真剣に仕事に打ち込む石田さんを、両親はあたたかく見守った。石田さんの弟が結婚して家を出てからは、親子3人ずっと一緒だった。石田さんが早く帰ってきた時は一緒に夕食を囲み、食後にお茶を飲んだ。その日の何げない出来事が話題になり、石田さんは職場の人たちの話をすることが多かった。昼ご飯に何を食べたか、同僚がパン作りにはまっているという話など、たわいもなかったが楽しかった。たまの休みに、母娘で日帰りのバス旅行に出かけることもあった。

石田さんは毎月10万円を家計に入れてくれた。母親は内緒でその半分を、石田さんの名義で貯金していた。いつか「こんなのあるよ」と言って通帳を渡そうと思っていた。

事件が起きた日は一睡もできなかった

事件が起きたあの日。空は朝からぐずついていた。母親は出勤する石田さんに「傘を持って行きや」と声をかけた。玄関にいた石田さんは「ふーん」と答え、母親が買った猫の絵が描かれた傘を持って出て行った。手作りの昼食のお弁当も持たせた。それが最後のやりとりになるとは思いも寄らなかった。

昼前だった。夫が遅めの朝食をとりながらテレビを見ていた。京アニのスタジオで火災が起きている映像がニュースで流れた。すぐに親戚や知人から「テレビでやっているけど、京アニのスタジオが火事になっている。大丈夫?」と次々と電話がかかってきた。みな石田さんのことを心配していた。

ただ、火事の現場は京都市伏見区の第1スタジオだった。石田さんは京アニ本社がある京都府宇治市のスタジオで働いているはずだから、きっと大丈夫だと思った。事件発生の少し前、一緒に携帯電話を買いに出かけた時、本社がある宇治市で勤務していると聞いていたからだ。

念のため、石田さんの携帯に電話をした。呼び出し音は鳴るが、つながらない。きっと仕事中で出られないのだろう……。夜になれば、いつものように帰ってくると思った。ただ、火事になっているのにおかしいなと不安も感じた。石田さんのほうから「心配しなくていいから」と電話をよこしてきてもよさそうなのに。

テレビのニュースでは、心配して本社に駆けつける社員の家族らの姿が映っていた。母親は自宅にとどまった。「きっと会社はごたごたしている。今行っても忙しくて対応してもらえないだろう」と考えたのだという。

京アニから電話がかかってきたのは、その日の夜だった。午後9時半ごろだったと記憶している。社員から「奈央美さんの安否の確認が取れません」と説明された。びっくりした。「宇治で仕事をしていたのと違うのですか」と尋ねると、「違います。第1スタジオにいました」と言われた。「なぜ第1スタジオに?」。返事はなかった。後から聞いた話では、この日は第1スタジオで会議や取材対応があり、出社後に宇治から第1スタジオに移動したとのことだった。

それから一睡もできなかった。

翌19日、息子が家に来て警察に電話をしてくれた。石田さんは病院には運ばれていないと聞き、絶望的な気持ちになった。警察からは、身元を確認するためにDNA鑑定に用いる試料を提供してほしいと協力をお願いされた。

その日のうちに京都市内にある京都府警の警察学校に行った。担当の警察官から、石田さんは女性なのでお母さんのDNAを提供してほしいと頼まれた。口の中の粘膜を綿ぼうで採取して警察官に渡した。自宅に戻ってから、「お父さんの分も採らせてほしい」と電話があり、再び警察学校に行った。

石田さんとみられる遺体と夫妻らのDNAがほぼ一致したと連絡があり、事件から1週間後の25日、三たび警察学校を訪問した。多くの遺族が来ていた。

石田奈央美さんと同僚（提供：石田さんの母親）

警察官から「ご遺体を見ますか。ただ、あまりおすすめできません」と言われた。母親は夫に「お父さん、見ないでおこうな」と声をかけ、警察官に「けっこうです」と答えた。遺体の損傷が激しいと聞いていた。警察の説明によると、石田さんは第1スタジオの2階で見つかった。放火されてから救出されるまでの約8時間、その場にいたとみられている。母親は「生前の元気だった頃の娘ではなく、遺体の姿が脳裏に焼き付くのが嫌だったんです」と打ち明けた。

その際、石田さんの私物を受け取った。髪の毛をくくるヘアゴムとヘアピンだった。ヘアゴムにはプラスチックの飾りがついていたが、熱で溶けたのかなくなっていた。渡されたのはこの二つだけ。「これだけか」と思った。

警察学校からそのまま葬儀社に足を運んだ。葬儀社のスタッフに遺体を引き取りに行ってもらった。通夜は25日のうちにとりおこない、告別式は26日だった。とにかく慌ただしかったが、かつて京アニで一緒に働いていた元同僚が参列してくれ、昔の話をしてくれた。

石田さんらが入社した頃は作業場が古くて、冬は隙間から風が入ってきて寒かった。いっぱい服を着込んで作業をした。でも和気あいあいとした職場で、捨て猫の面倒もみんなで見ていた。そんな話を聞いた。

反省しているとは思えない、青葉被告からの言葉

事件から約2カ月後、社内向けのお別れの会が京都駅近くで開かれた。遺族が座るテーブルには、故人と一緒に仕事をしていた社員らが来て、生前の石田さんのことを語ってくれた。「作業がものすごく早いのに仕上がりがとてもきれいだった」「わからないことがあればみんな石田さんに聞いていた。何でも丁寧に教えてくれた」。社員らの言葉を聞いて、母親は石田さんの仕事ぶりを誇らしく思った。

事件から約10カ月後の20年5月、青葉被告が逮捕された。母親は仏壇にお茶やご飯をそなえ、「やっと逮捕された。安心して」と娘に報告した。鑑定留置を経て、起訴されたのはその年の12月。何を恨んでいたのか。なぜ犯行に及んだのか。裁判で本当のことを言ってほしいと思った。「法廷に行って裁判を見届けようね」と夫と話し合った。

しかし、ここからが長かった。弁護側も精神鑑定を裁判所に請求して認められ、裁判所

が依頼した医師が数カ月にわたって鑑定した。事件で亡くなった人が多く、裁判の争点整理にも時間がかかった。いつになったら裁判が始まるのかと初公判の日を待ち望んだが、事件から3年が過ぎても決まらなかった。このまま長引けば2人とも年老いて裁判には行けなくなってしまうと、やきもきした。

22年の年の瀬、夫が右手の激痛を訴えた。体を見ると、胸が真っ青になっていた。救急車を呼んで入院した。脊髄《せきずい》を痛めていた。食が細くなった夫は自宅に戻りたいと訴えた。翌年3月に退院して帰宅。夫の世話を続けた。訪問看護師やヘルパーに毎日来てもらったが、大変だった。

夫はずっと裁判のことを気にしていた。5月になって、初公判の日がその年の9月5日にようやく決まった。京都地検から遺族向けの裁判関係の書類が届き、夫に見せた。「元気にならないと裁判に行けないよ」と声をかけた。しかし、初公判のちょうど1カ月前だった8月5日。夫は老衰で亡くなった。87歳だった。「あれだけ裁判を待ち望んでいたのに。悔しかったね」と涙ぐんだ。

母親も長時間にわたって傍聴を続けられるかどうか自信はなかった。裁判には行かないことにした。法廷で青葉被告の言葉を直接聞くことはかなわなかったが、新聞やテレビで公判のやりとりや経過はつぶさに見た。

初公判で青葉被告は謝罪しなかった。弁護側は妄想の影響による心神喪失で無罪を主張した。謝罪の言葉は期待していなかった。無罪主張も、弁護人としての使命だから仕方がないと思った。ただ、「闇の人物と京アニが一体となって自分に嫌がらせをしている」と思い、対抗手段として事件を起こしたとする主張は、京アニに対する「ひがみ」としか思えなかった。

9月20日の遺族らによる被告人質問では、青葉被告の言動に怒りを感じた。遺族の代理人弁護士が「被害者の立場を考えなかったのか」と質問した。青葉被告は「逆にお聞きしますが、(京都アニメーションは小説を)パクった時に何か考えたか」と逆に問い返した。裁判長から注意を受けても「京アニは被害者の立場だけ述べて、良心の呵責《かしゃく》はなかったのか」と訴えた。

母親は「反省はしていないんだなと思いました。遺族のほうが質問しているのに言い返すなんて。なんていうことを言うんだと。普通、反省していればあんな言葉は出てきません。心から反省していれば」と語気を強めた。

判決の日、テレビのニュースで裁判を見守った

公判では、青葉被告の恵まれなかった生い立ちが明らかになった。両親の離婚や貧困、父親による虐待などを経験していた。

石田さんの母親は戦前の生まれで、幼少の頃は戦中・戦後の混乱期だった。みんな貧しくて過酷な体験をした人もいた。「生活環境や家庭に恵まれなくて苦しんでいる人はいっぱいいる。それでも頑張って生きている。誰かのせいにして犯罪なんか起こしはしません。『苦しいのはあなただけではない』と言いたい。同情はできません」

応募した小説が落選したことで京アニへの恨みを募らせたとされるが、母親は「被告の努力は感じられなかった。京アニで働いていた人はみんな、大変な努力を何年も積み重ねて認められるようになった。その努力が被告には欠けているように思います。それで京アニの人たちを恨むのはおかしい」と話した。

第1スタジオにいて生き残った社員の意見陳述も心に刻まれた。

事件当時、入社2年目だったという女性は、上半身に重いやけどを負った。炎から逃げるさなか、自分の背中に同僚の手が触れていたといい、「感触が忘れられない。手を引い

て助けていたらと考えてしまう」と陳述した。それらを新聞で読み、母親は涙が出た。「助かった社員も心に傷を負って苦しんでいる。かわいそうやなと思いました」

24年1月25日の判決の日。いつものように自宅にいて、テレビのニュースで裁判を見守った。いくつかのテレビ局は特番を組んだ。昼すぎ、死刑判決とのテロップが流れた。弁護側の「心神喪失で無罪」との主張がもし認められたのなら、遺族にとってはたまったものではないと思っていた。ガソリンを買って人目につかないように移動するなど、計画的にしっかりとした考えに基づいて犯行に及んだとしか思えなかった。

京都地裁の結論は死刑判決だった。母親は「安心しました。逆恨みで多くの人が人生を奪われた。当然だと思います。ただ、心の中は複雑です。娘はかえってこないから」と悲しみをこらえるように語った。

今、母親が一人で暮らす住宅。3階にあった娘の部屋は、今は空き部屋になっている。2階には仏壇があり、娘と夫の遺影が置かれている。母親は今も娘がいない現実を受け止めることはできない。だから、「まだ娘は生きている。旅行に行っているんだと思うようにしています」

青葉被告は大阪高裁に控訴した。今後も裁判は続く。「いつになったら終わるのかという思いはあります。ただ、地裁の判決を受け止めて、とりあえず一つの区切りにしたいと思います」。母親は一審の裁判が終わったことを受け、自宅で大切に保管していた石田さんと夫の遺骨を墓に納めた。

「事件の少し前に墓を買いましたが、まさか娘が最初に入るとは。夫が入り、私が入り、娘が入ると思っていました。悲しみは薄れることはありません。被告を絶対許せない」

6. 長女のたくさんの寝顔を写真に収めていた夫

事件で亡くなった武本康弘さん（当時47歳）の妻は、裁判員裁判で検察側が読み上げた供述調書の中で、夫の仕事に向き合う姿勢を振り返った。

「私は1991年から、康弘さんは93年から京都アニメーションで働き、同僚として知り合いました。私は仕上げ、康弘さんは作画で働いていました。一緒に仕事をする中で仲良くなり、2008年に結婚しました。結婚してからも仕事漬けの日々でした。朝一緒に自宅を出て、夜一緒に帰ってきて、土日も仕事に出かけました。康弘さんは後輩の面倒見も良く、職場では厳しく仕事に取り組み、指導していました」

積極的に子育てしてくれた優しい人だった

20歳で京アニに入社し、30代で監督を務めるようになった。テレビアニメ「氷菓」(12年)、「小林さんちのメイドラゴン」(17年)など数々のヒット作を手がけた。代表作の「らき☆すた」(07年)では、4コマ漫画を原作に、女子高生のゆったりした日常をコミカルに描いた。舞台のモデルとなった埼玉県久喜市の鷲宮《わしのみや》神社がファンの間で人気のスポットとなるなど、作品ゆかりの地をファンが訪れる「聖地巡礼」ブームの先駆けになった。

妻はさらに、子煩悩な素顔についてこう触れた。

「優しい人でした。長女が夜泣きで起きるとあやしてくれました。長女を動物園などに連れて行ってくれました。毎年夏休みには家族旅行にも行きました。日曜日の午前には掃除をしてくれました。私が作ったご飯をいつもおいしいと言ってくれました。けんかをしたことはありませんでした。よく長女の寝顔を写真に撮っていました。康弘さんが撮影した長女の写真がたくさんあります」

この供述調書は、事件の7カ月後に記録されたものだ。

「今でも康弘さんが出張から自宅に帰ってくるような気がしてならない。長女が悲しむと思うので、悲しみを見せないようにしている。お骨はまだ家にあるので、一緒にいるような感覚。亡くなった実感がない。寒い夜に私と長女、2匹の猫と布団に入っていると『ああ、康弘さんはもういないんだな』とさみしい気持ちになる」

手作りした仏壇に毎晩、手を合わせている

武本さんは、穏やかな瀬戸内海に面した兵庫県赤穂《あこう》市で育った。

幼い頃からの武本さんの様子を、父親の保夫さんは供述調書にこうつづった。

「小さい頃から絵を描いていた。中高でも絵と漫画を描いていた。高校を卒業すると一人暮らしを始め、アニメーション制作の専門学校に2年通った。そして京都アニメーションで仕事を始めた。京アニから仕事を請け負う形で、1枚いくらという安い単価で収入を得ていた。当時の労働環境は過酷で、食べていくのも大変だった。京アニが注文する絵をたくさん描いて、数年後に正社員になった」

武本さんは、実家では仕事の話をあまりしなかったという。保夫さんは、雑誌やニュースなどで息子の活躍を知った。アニメの道に進もうと決めたきっかけも、宮崎駿監督の長編アニメ映画「天空の城ラピュタ」（1986年）に感動したからと、インタビュー記事

でわかった。

息子の仕事を知ろうと、２０１０年、妻の千恵子さんと神戸市の映画館を訪れた。武本さんが監督を務めたアニメ「涼宮ハルヒの消失」。エンドロールで名前を見つけ、「これが康弘君の作品か、誇らしいね」と喜びあった。

映画を見たことを伝えると、それからは新しい作品が完成するたびに2人分の招待券を贈ってくれたという。

供述調書にも、「制作に関わったいくつもの京アニ作品を見に行った。作品の最後にたくさんの名前が流れるが、最後に監督の康弘君の名前が出る瞬間が好きだった。康弘君がこの作品を作ったんだと感じた。妻は、特に『聲《こえ》の形』が好きだった」と述べた。

「忙しく、実家に帰るのは年に1回くらいだった。結婚して子どもができると、家族3人で遊びに来てくれるようになり、年に2回くらいになった」

最後に会ったのは事件前、5月の連休だったという。多忙な息子が珍しく妻と娘と帰省した。夕食に一緒に酒を飲んだ。最後に何を話したかは覚えていない。「事件が起きるなんて、予想もしていなかったから」

事件後、保夫さんは手作りした仏壇に毎晩、手を合わせている。

「遺体と対面する際、『見ないほうがいい』と言われた。よほど損傷がひどかったのだと思った。顔は見ていないので、本当に亡くなったのが康弘君なのかと思った。今は、亡くなったことを認めざるを得ない。康弘君はかえってこない。私が代わりに亡くなることができるならそうしたい。しかし、時間は戻すことはできない」

7. 突然奪われた、世界にたった一人の姉

第18回公判で検察側は、時盛友樺《ともか》さん(当時22歳)の母親と父親、妹の陳述書も読み上げた。

亡くなった姉と同じ22歳に

母親は、時盛さんが高校2年の時にアニメーターになりたいという夢を語り始めたと説明。「午前は大学、午後は専門学校へ行っていました。京アニから内定をいただき、就職しました。(京アニ作品の)『Ｆｒｅｅ！』の劇場版に関わったらしく、『憧れの作品を作れて、すごいし、いい人生だわ』とＬＩＮＥがあったので、感激し、充実していてうれしかったです」

幼い頃からの様子については、「小さい時から賢い子でした。前向きに考えて生きる力を持っていて、適応力があって、しっかり者でした。みんなが言いにくいことも意見を言っていました。会社の方からは同期の人たちをうまくまとめていたと聞きました。会社の中でも友樺の同期は特に仲が良かったそうです」とした。

連絡を受け、京都府警伏見警察署に行った時のことも振り返った。

「そこで友樺が亡くなったことと、亡くなった場所について聞き、身につけていた腕時計とピアスを受け取った。葬儀は広島でやると決めていたので、広島に連れて帰り、葬儀場で娘の頭をなでた。葬儀には大勢の友だちが来てくれた」

父親は突然に娘を失った心情をこう表現する。「理不尽に娘の命、未来、そして家族の平穏でつつましい暮らしが一瞬にして奪われた。娘の誕生日には必ず『生まれてきてくれてありがとう』と話している。事件前日も娘とたわいのない電話をした。『また明日電話するね』と言って切った。これが最後の会話になった。娘はこれからやりたいこと、行きたい場所がたくさんあっただろうが、人の心を持たない愚かな被告によって閉ざされた。友樺を返してほしい。何のために精神鑑定をしたのか。どのような精神状態でも減刑されることはあり得ない。あってはならない。極刑しかあり得ない。悔しさ、悲しみ、苦しみ、憎しみでいっぱい。悔しさ、悲しみ、苦しみは今後一生続く。せめて憎しみをわずかでも取り除いてほしい」

妹の陳述書には、亡くなった姉と同じ22歳になった心情がつづられている。

「事件当時は17歳で、教室で友だちと昼ご飯を食べていた。母から『京都に行ってくる』と連絡があったが、何が起こっているのかわからなかった。一気に不安になり、ニュースを見て事件を知り、午後の授業は涙が止まらなくなった。ずっと祈っていた。

今年、私は亡くなった姉と同じ22歳になった。複雑な気持ちだ。姉が生きられなかった日を迎える来年の夏にならなければいいのに、という思い。今、私が姉に一番伝えたいのは夢がかなったということだが、それを伝えることはできない。本当につらいし悔しい。姉が夢をかなえる姿をもう見られない。世界にたった一人の姉を奪われた。けんかばかりしていたが、社会人になれば仕事のことを相談する友だちのような姉妹になれるはずだった」

法廷の青葉真司被告についてはこう述べている。「被告人の様子を見ると、普通に話ができて、車いすを押してもらって、何不自由なくしているのが理解できない。被告人の命が助かり、裁判に出ているのはこれから苦しむため。被告人がしたことを考えると極刑は当然すぎる」

8．現場に駆けつけることを妨げた巨大な黒煙

映画「聲の形」などで動画や原画を担当した宇田淳一さん（当時34歳）。法廷で読み上げられた妻の陳述書によると、小中学生の頃から絵が得意で、スタジオジブリの映画を見てアニメに興味を持ったという。本格的にアニメーターを目指すことを決めたのは高校1の時。美術を学ぶ塾に通い始めた。

大阪の芸術大学で脚本やカメラワークを勉強。在学中、アニメの研究会に入り、将来同僚となる人たちに出会ったという。

「幼い子どもから父を奪ったことを忘れないで」

宇田さんの妻は、審理の大半を傍聴し、2023年11月29日に開かれた第18回公判では、被害者参加制度の一環として意見陳述にも立った。

妻はその中で、法廷に立つ決意をした理由について「悩んだが、（青葉被告が）亡くなっ

たり大けがを負ったりした方、大勢の家族がいたことについてリアリティーを持っていたとは感じられない。被告は亡くなった夫のことも含めて被害者について知り、思いを巡らせるべきだし、そのことを死ぬまで感じ続ける必要があると思った」と述べた。

「夫の家庭は父親が早くに亡くなり、母や姉は、夫がアニメーターになることを最初は応援していなかった。夫がどうしてもなりたいという熱意を伝え、姉が芸大の予備校を探してくれるなど応援するようになった。母も後年、ハルヒの映画を見に行って『エンドロールに名前が載っていたよ』とうれしそうに話していたことが励みになっていたようだった」

「家でも自分が描いたものがイメージ通りに再現されているかを確認するために、動画をコマ送りにしながら見ていた。写真を撮るシーンを作るのに、私の手をモデルにして絵を描いていたこともあった。作業する時、頭にタオルを巻いてトレース台に向かっている夫がかっこよかった。夫が作った作品を映画館で一緒に見て、エンドロールに『宇田淳一』と出ていると、家族のために頑張ってくれている夫のことが本当に誇らしかった。夫にとってはファンの声援も大きな励みになっていた」

「被告が法廷で『京アニや社員は光の階段を上っている』と言っていたが、アニメ制作は好きなだけで続けられる仕事ではない。こつこつと仕事をして努力を続けてきたからこそできる仕事だった。夫も周囲からの刺激を受けながら、質の高いアニメを作りたい、スキルアップしたいと思ってやってきた」

「娘は事件当時、まだ1歳4カ月でまだ幼かった。まだしゃべり始めていなかった頃で、夫が『パパという感じじゃないから、お父さんかな』とお父さんって呼んでもらうことを楽しみにしていた。この裁判を待っている間に娘は、保育園年長になり、来年小学校に入学する。いっぱいおしゃべりをして、絵を描くようになり、自転車に乗り、夫は父親を早くに亡くしていたからこそ、一緒にこういう時間を過ごしたいんだろうなと思います。娘には夫が火事で亡くなったと言っているが、殺されたとは言っていない。夫がどんな人だったのかを知りたがっている時には、優しい家族思いのお父さんだったと伝えている」と声を震わせた。

そして、事件当日のことも振り返った。

「事件を知って娘を連れて車で火事の現場に駆けつけようとしたが、数百メートル手前からものすごい黒煙が上がっていていた。その時点で『もうだめかもしれない』と思ったが、娘を抱っこしながら『大丈夫、大丈夫』と自分に言い聞かせていた。娘がDNAを提供して、親子関係から夫の身元が判明した。警察官から『娘さん頑張ってくれましたよ』と伝えられた。被告は夫の命を奪っておきながら、亡くなったのは誰かすらもわからなかったと言っている。こんなに家族のことを一番に思い、惜しみなく愛情を与えてくれた夫の命を放火という一番卑怯《ひきょう》な手段で奪った。裁判の中で妄想が影響したと言っているが、大勢の被害者を出している中、自分は逃げて生き延び、放火という手段を選んだのは本当に卑劣だと思います。被告は自分の犯した罪に向き合わずに逃げていると思う。被告にも幼い頃からいろいろあったとは思うが、幼い子どもから父を奪ったことを忘れないでほしい」

9．どうしても見届けたかった、最期まで頑張った娘の姿

兼尾結実《ゆうみ》さん（当時22歳）の母親は、裁判員に向かって深々とお辞儀をした後、青葉被告を数秒間にらみつけた。

意見陳述に先立ち、検察側が読み上げた母親の供述調書によると、兼尾さんは「小さい頃から手がかからない子で、病気になることもなく元気に育った」という。真面目で明るく、誰にでも優しくて人望が厚かった。中学の時はソフトテニス部の副部長で、生徒会長も務めたという。事件後、同級生だった男性があることを教えてくれた。不登校だったこの男性が勇気を出して登校した際、兼尾さんが自然に声をかけてくれ、それが励みになって登校を続けることができたという内容だった。

顔にいっぱいキス「代われるものなら代わりたい」

「あの日、事件を知り、急いで庭にできたミニトマトをちぎって保冷材で冷やして持って行きました」。意見陳述では、事件当日についても詳細に振り返った。

「まさか娘がそんなことになっているとは知らず、事件のショックで食欲がなくても、大好きなミニトマトなら食べられると思い持って行きました。しかし、それが食べてもらえることはありませんでした。今でもその時のことを考えると涙が出ますが、この結実と会えない数日が一番つらかったです。生存が絶望的になっても、一刻も早くそばに行きたい、会いたい、抱きしめたかった。DNAの結果が出るまで、とにかく動いていないと胸が引き裂かれて叫んで壊れてしまいそうな感情になりました」

「警察からDNA鑑定の結果が出たと説明を受けました。結実は現場のスタジオの中で一番に建物の外に搬送されたと聞きました。結実がつけていた遺品の腕時計は、とてもかわいがってくれていた大学の弓道の先輩たちから就職祝いにもらったプレゼントでした。その時計は10時40分を指して止まっています」

警察官からは「顔は見ないほうがいい」と言われたという。しかし、「最期まで頑張った姿を、どんな形であっても見届けようと決めていた」ので、葬儀場の控室で二人きりの時に対面した。

「会いたくて仕方なかった、かわいい結実がいました。『熱かったね』といろいろ話しました。ほおずりして、顔にいっぱいキスをしました。生きていたら、『もう子どもじゃないんだから』と恥ずかしがったかもしれませんが、その時は許してくれたと思います」

「裁判でいろんなことが明らかになり、明らかになればなるほど、被告のことを絶対に許すことはできません。娘も、亡くなった皆さんも、けがをした方々も、一生懸命仕事をしていただけなのに、なぜこんな目に遭わなければならなかったのか。こんな幼稚で独りよがりな男の思い込みで、こんなにたくさんの人の命が奪われました。結実はしっかり者でしたが、怖がりな子でもありました。体にかかりそうなほどガソリンをまかれ、『死ね！』と言われた時、どんなに怖かったか。会社の同僚や職場が炎に包まれていく最期に目にした場面を考えると、その苦痛を全部取り払ってあげたいです。22歳でした。一生懸命育ててきました。やっと巣立って、いよいよというところでした。代われるものなら代わりたい。大切でかけがえのない娘でした。結実のことを考えない日はありません。被告人には最も重い死刑を望みます。なぜなら、結実たちの命は、被告人の命よりも軽んじられることはなかったよと伝えたいからです。絶対に許せません。いつも強くて、優しい母でいたいですが、この気持ちだけは決して変わりません」

10．夢半ばで命を奪われた息子

顔や首にかけて火炎や高熱を受けたことによって窒息死した当時32歳だった男性の母親は、法廷で意見陳述した。

「息子は、思いやりのない人に逆恨みで殺された」

「裁判で話すのはずいぶん悩み抜きました。自分の口からでないと無念、悲しみは伝わらないと思い、出ることを選びました。裁判官、裁判員の皆さん、理不尽に命を奪われた無念、家族の思い、悲しみを聞いてもらえればと思います。

事件後に息子と対面した時、痛ましく、胸が張り裂けそうでした。何が起きたのかよくわからないまま、喪失感で心がまひしているようでした。私は心のバランスを失い、服薬やカウンセリングを受けました。夫も急に老け込んだ気がします。夫はつらく、裁判に参加できません。裁判での証拠もショックを受けてしまうので見せられません。ふさぎ込んでいる夫を見るのがつらいです。

この裁判は何のためにあるのか。何をやっても殺された事実は変わりません。被告人の人権を守るための裁判にどんな意味があるのか。息子には人生があり、葛藤がありました。島でアニメに憧れ、京アニに入り、悪戦苦闘していた人生を知ってほしい。

青葉さん。うまくいかなかった人生を聞きました。アニメを見て小説家を目指した。アニメーターを目指した息子も同じじゃないですか。アニメを知らない両親でしたが、息子は毎日夜遅くまで練習していました。あなたが殺したのはそういう人だったんです。なんで殺されなければならなかったのか。アニメーターになったのが悪いんですか。息子は誇りでした。小説家の夢を否定されたからと話していましたが、息子の夢や人生を奪ったのはあなた。ただの逆恨みです。一度でもそこで働く人の人生を考えてみなかったのですか？悪戦苦闘しているのはみんな同じと考えなかったのですか？　息子は思いやりのない人に逆恨みで殺された。

被告人には様々な背景があることも、裁判に参加していましたので理解しています。しかし、これだけ多くの人の人生を奪ったのに、あなたから謝罪は聞いたことがない。夢半ばで命を奪われた息子の無念、残された家族のことを考え、毎日後悔して生きてほしい。

最後の日まで罪に向き合って苦しみ抜いて」

11. 上半身に一番重い「Ⅲ度」の熱傷を負った女性

事件当時、入社2年目の21歳だったという女性は、事件で上半身に一番重い「Ⅲ度」の熱傷を負った。検察側による被害感情の立証として、2023年12月4日、第20回公判に出廷。3方向をついたてに覆われた状態で、すすり泣きながら思いを語った。

「全てが始まったばかりだったのに、一生、生き地獄だ」

「背中の皮膚をはがして両手に移植する手術を複数回受けました。12歳で見た京アニのアニメ『氷菓』に感銘を受け、絶対入社すると決意して8年間努力し、20歳で入社しました。やっとつかんだ長年の夢。作画が楽しかったです。

事件の日、突然私の両手は赤黒い肉の塊に変えられました。包帯を取った時、骨が出ていて、爪がかろうじて残っていて、やっと手だと判別できました。これが自分の手であるという現実から逃げたくて、夢だと思いたかった。両手、両肩、肩甲骨まで動かすことができず、日常動作ができませんでした。作画なのに鉛筆さえ握れず、どうやって生きていけばいいのか。仕事をもう辞めるしかないのかと絶望しました。

リハビリは壮絶で、包帯が血で真っ赤に染まりました。激痛であっても、気道熱傷で口に気管挿管をしているので声が出ない。顔もひどくただれ、目もよく見えてなかったです。失明の可能性もあったと後から聞きました。

同世代の友人と話すと、苦しくなる。私が必死だった3年間、周りは平和に生きていて、うらやましくて仕方なくなる。まだまだ全てが始まったばかりだった。『3年間を返して』と被告人に言いたい。上半身全身に醜いやけど痕があります。両手は特に醜く、手袋をしないと人前に出られません。新型コロナがはやっていても外出先で手を洗えない。誰も見ていない時に手袋を外して急いで手を洗う時、涙が出る。

ニュースで見た被告人の手とそっくりです。吐き気がした。醜い自分の体に嫌気がさします。やけど痕がある限り、一生、生き地獄です。これからも苦しみ続ける。あまりにつらい。

左手に少し後遺症が残ったが、元の部署で作画の仕事をしています。京アニに戻って愛される作品を作り続けることが、被告人への復讐《ふくしゅう》と思っています」

第3部 社会に突き付けられた課題

絵：岩崎絵里

第6章
同じような事件を繰り返さないために

第3部（第6章）では、6人の識者インタビューを通して、同じような事件を繰り返さないためにはどうすればいいのかを考えます。インタビューでは、印象に残った青葉真司被告本人の言葉なども引用してもらいました。

1．「底辺」自称し孤立。ロスジェネ世代、青葉被告と加藤元死刑囚の違い

――雨宮処凛さん（作家・活動家）

《（上司などと）話し合いで片付いた記憶がない。底辺というか、アルバイトや派遣に対して、そんなに面倒見がいいわけない》

（青葉被告、2023年9月7日の被告人質問で）

なぜ事件が起きたのかを考える時、青葉被告が「ロストジェネレーション」（ロスジェネ）と呼ばれる世代であることも重要だと思います。1993年から2004年ごろに社会に出た就職氷河期世代のことで、2000万人くらいいます。社会に出る時に非正規しか職がなかった人も多く、一部は今もその境遇が続いています。

「底辺」と自称する人が ボリュームゾーンとして生まれた世代

青葉被告はコンビニで8年ぐらいアルバイトをしたようですが、もし正社員でそれだけ一つの仕事を続けたら、本来はキャリアになるはずです。頼りにされ、評価もされたでしょう。でも、非正規なので、キャリアにはならない。

一方で、コンビニでは青葉被告ばかりに仕事が押し付けられていったようですね。当時よくあった、時給が50円ぐらい上がるバイトリーダー的なもので、やりがいが搾取され、責任だけは押し付けられるのに結局

撮影：はぎひさこ

雨宮処凛（あまみや・かりん）

1975年生まれ。「ロストジェネレーション」と呼ばれる就職氷河期世代や貧困、非正規労働などの問題に取り組む。一般社団法人「反貧困ネットワーク」世話人。著書に『学校では教えてくれない生活保護』（河出書房新社）、『死なないノウハウ』（光文社）など。

は低賃金で使い捨てられる。

上の世代を見ると、ロスジェネほど辛酸をなめずに就職した人が多いです。しかも、就職したことで周囲や社会の承認がついてきて、一人前に扱われて生活が安定するという流れがありました。

ただ、ロスジェネ世代は青葉被告のように非正規になると、承認も一人前の称号もついてこない。それればかりか、年を取れば仕事もなかなか見つからない。

働く上でいい思いをすることが一つもなく、長年、非正規で辛酸をなめたとすれば、結構きついと思います。もちろん、だからといって事件は絶対に正当化できません。

青葉被告は自身の立場について「底辺」という言葉を使っていますね。これも、ロスジェネ独特のものだと思います。自らを「底辺」と名指すほど社会構造に理解があり、教育水準も高い層が、そうなっている。青葉被告は、その中でも特に条件が悪かったと感じています。

貧困に対する感覚がまひしていった10年間

08年6月に秋葉原無差別殺傷事件が起きた時、加藤智大《ともひろ》・元死刑囚（22年に執行）がネット上に残した膨大な書き込みを読み、若い世代の一部が共感していたことを覚えています。青葉被告は自身の裁判の中で、秋葉原事件を他人事《ひとごと》とは思えなかったと話しました。2人は同世代で、同じような働き方をしていたわけで、自分を投影したのは理解できます。家庭環境についても重ね合わせただろうし、加藤元死刑囚も高校くらいまですごく勉強ができた。青葉被告も定時制高校でバイトしながら皆勤で頑張っていた。さらに、不安定雇用にたどり着いた点も同じだった。2人が持っていた世の中への恨みみたいなものが同じだったかはわかりませんが、青葉被告は加藤元死刑囚にシンパシーを寄せていました。

2人が異なったのは、裁判での訴えでした。加藤元死刑囚は、自身の派遣などの境遇については裁判で触れず、事件直前、没頭していたネット掲示板で第三者のなりすましに遭い、「存在が殺された」と感じたことが原因だったと述べました。一方、青葉被告は小泉内閣が進めた改革で「弱者が切り捨てられる時代だった」と訴えるなど、自身の境遇も詳しく話しました。

加藤元死刑囚は、裁判後に出した著作でも、派遣という働き方と事件は関係ないと強調しています。それは彼のプライドに関わることなのでしょう。「社会の弱者」的なストーリーは、彼にとってどうしても受け入れたくないものなのだと感じます。そして彼は、一貫してそのスタンスのまま死刑を執行されました。

思えば、秋葉原事件が起きた時点では、当事者も自身が置かれた状況がよくわからなかったということもあると思います。秋葉原事件の3カ月後にリーマン・ショックが起き、その年末に「年越し派遣村」がクローズアップされて、一気に貧困問題への認識が広まり、派遣や請負といった働き方が注目されるようになりました。

京アニ事件が起きたのはそれから10年後の19年7月です。その間、日本社会ではワーキングプアやネットカフェ難民、子どもの貧困といった問題が認知されましたが、それが飽きられていった10年だったとも感じています。多くの人が、どんなに頑張っても一部の人は決して報われない社会になったことを仕方ないと諦め、見て見ぬふりをすると決めていき、貧困にまひしていった10年間というか。そんな中を青葉被告も生きていたわけです。

友人がおらず、話し相手がいないことが一番怖い

事件を起こす前の2人を比較しても、青葉被告のほうがより孤立していたとは思います。事件に至るまでの状況を知れば知るほど、本当に友人が一人もいない。話し相手もいない。例えば青葉被告に「自身の小説が京アニに盗作されている」といった話をする相手がい

たら、その人から「何を言っているんだ」と笑われて済んだのかもしれない。それが、自分の脳内だけで思考が回り続け、どんどん極端な考え方になっていったのだと思います。

青葉被告に一番平和的な軟着陸の仕方があったとすれば、京アニ好きのコミュニティーに入ることだったかもしれません。ネットだけでもいいので、京アニの良さを話せる場。友人だってできたでしょう。

しかし、青葉被告は京アニに対し、筋違いの恨みを募らせていきました。そうしていきなり大量殺人に向かった。

私自身、19歳から24歳までフリーターで、そんな生活がつらくて、世の中を呪うように生きた時期もありました。救われたのは、そういう思いを話せる場所が1990年代の日本にはたくさんあったことです。自殺願望があるとか、普通は言えないような話をできる場、自分の恥部を安心してさらせるイベントなどの場がありました。

でも、インターネットやスマホの普及により、そんな場はなくなりました。下手なことを言えば、短い言葉だけが切り取られて拡散し、ネットで炎上する。ガス抜きできる場所がなくなったなと思います。

答えはなかなか見つかりませんが、青葉被告の事件で一つ言えることは、医療と福祉についてです。

事件前の青葉被告は、刑務所からの出所者という立場でもありました。生活保護を利用して訪問看護を受け、精神科にも通院していた。でも事件前は通院もやめ、訪問看護も断っていました。

この時点で行政がより積極的に動いて治療につなぐなどしていれば……。この点は非常に悔やまれるところだと思います。

（聞き手・戸田和敬）

2. 非正規雇用の拡大は社会全体に様々な危機をもたらす

――橋本健二さん（早稲田大学教授）

《一度コンビニのバイトとか派遣とかにつくと、はい上がるのは難しい。上にのぼれる階段なんてそんなにいくつもある世界ではない》
（青葉被告、2023年9月20日の被告人質問で）

青葉被告は東京の専門学校を中退後、コンビニで約8年間バイトをし、その後も工場での非正規労働などで生計を立てました。

非正規雇用が生んだ「アンダークラス」

公判では、自分と同じ元非正規労働者で、東京・秋葉原で無差別殺傷事件を起こした加藤智大・元死刑囚に、自身の境遇を重ねました。

《20歳を越えてから仕事を転々として、郵便局の仕事もクビになったりしました。（加藤元死刑囚が）そういう事件を起こしたことについて、共感と申し上げましょうか、類似点じゃないですけど、他人事に思えなかった》
（青葉被告、23年9月14日の被告人質問で）

今回の事件の中心には、京都アニメーションに対する被告の妄想があると思いますが、現実世界で仕事がうまくいかなかったことが妄想をふくれあがらせる一因になっただろうと感じます。

青葉被告が専門学校を中退したのは、バブル崩壊後の不良債権問題で

橋本健二（はしもと・けんじ）

早稲田大学人間科学学術院教授。専門は階級・社会階層論。著書に『アンダークラス2030』（毎日新聞出版）、『〈格差〉と〈階級〉の戦後史』（河出書房新社）など。

大卒者の就職率が急落し、無職やフリーターになる若者が急増し出す頃です。

時代が違っていれば正社員になれたはずの大卒の若者たちが、非正規の労働市場にあふれた。青葉被告が専門学校中退後に正社員を目指したかはわかりませんが、就職活動をしたとしても厳しかったでしょう。

非正規雇用の増加によって、日本には非常に貧困な新たな階級「アンダークラス」が登場したと私は考えています。

従来の労働者階級は多くが正社員で、製造業中心でしたが、「アンダークラス」を構成するのはパート主婦以外の非正規労働者です。青葉被告も、秋葉原事件の加藤元死刑囚も、安倍晋三元首相の銃撃事件の山上徹也被告も含まれます。

低所得層1100万人に支援を

国勢調査などの複数の調査から就職氷河期世代のアンダークラスを分析すると、「時代の犠牲者」とも言える姿が浮かびます。

男性の個人年収は平均230万円で、未婚率は80%。子どもがいる比率は15%にとどまります。退職金や家賃補助のような正社員向けの制度からほぼ排除され、昇進の可能性も皆無に近い。

当然のことながら、将来への不安が非常に大きい。特に男性は強烈な「下流意識」を持ち、「自分は不幸だ」と考える傾向が強い。

もちろん、事件を起こす人など例外中の例外ですが、そのごく一部の人が事件に至るまでの要因の一つにはなるだろうと思います。

どうすれば良いのでしょう。

企業には、景気変動があっても採用数の平準化に努め、氷河期世代を生まない努力が求められます。最低賃金の引き上げや、長時間働く正社員の労働時間を短くし、その分で正社員の数を増やすワークシェアリングや、相続税率の引き上げなどの所得再分配の強化も必要でしょう。

アンダークラスは2020年時点で日本に約1100万人いるとみています。2030年から、バブル期に登場した「フリーター」と呼ばれる「元・若者たち」が65歳を迎え始めます。その後には氷河期世代のアンダークラスが続く。高齢のアンダークラスが大量に社会に生まれていくということです。こうした人々が働けなくなれば、速やかに生活保護を受けられる支援も大切です。

非正規雇用の拡大は、企業にとっては短期的な利益になる場合がありますが、社会全体にとっては長期にわたって様々な危機をもたらすのです。

（聞き手・長富由希子）

3．事件起こす前に「誰かの顔を思い浮かべて」

――大友秀逸さん（保護司）

私は、2008年に秋葉原無差別殺傷事件を起こした加藤智大・元死刑囚の友人でした。現在は、SNSで発信を続けながら、保護司を務めています。保護司は、罪を犯した人の社会復帰を支える民間のボランティアです。

高校中退、激務で心も体もついていかなかった

父親から虐待を受け、中学時代には不登校になった青葉被告。その生い立ちには感ずるものがあります。

私は6畳一間ほどの家で、父親から暴力を受けて育ちました。泣いていたら「男が泣くな」と言われ、また殴られる。体調を崩して家で寝ていると、母親から「寝ているなら働

け」と言われる。

商業高校を中退し、飲食店などで働くようになりましたが、激務で、体も心もついていかない。

小中学生時代から社会人にかけて、うつ状態が続きました。「自分が劣っているから仕事がうまくいかないんだ。自分さえ消えてしまえば、職場はうまく回る」と内向きな思考を抱え込み、自殺未遂を繰り返しました。

当たり前ですが、壮絶な成育歴があるからといって、誰もが事件を起こすわけではありません。私は矛先が「外側」に向くことはありませんでした。

今回の公判で青葉被告は、東京・秋葉原で無差別殺傷事件を起こした加藤元死刑囚の生い立ちや境遇に共感していたと語りました。

《秋葉原の事件が起きて、犯人に共感する部分、他人事に捉えられない部分がありました。（中略）自分も親にあまりかわいがられなかったり、何をやってもうまくいかなかったりという部分もありました》

大友秀逸（おおとも・しゅういつ）
1976年生まれ、会社員。秋葉原事件を起こした加藤元死刑囚の「元同僚で友人」としてSNSで発信を続ける。昨秋から保護司。

（青葉被告、2023年9月14日の被告人質問で）

殺人願望を持った人からも連絡が届く

私と加藤元死刑囚は、仙台市の警備会社の同僚でした。同じ青森県出身。ゲームやアニメの話で意気投合し、仕事終わりにはラーメンを食べに行きました。

でも、事件後に明らかになった「母親との関係に苦しんできた過去」については知りませんでした。お互いに踏み込んだ話をできていれば、何か変わっていたかもしれない、と思います。

私の携帯電話が壊れて連絡先が消えてしまい、連絡が取れなくなってから1年後、事件は起こりました。

「カトちゃん、なんで電話一つくれなかったんだ」と思いました。

事件の後は「元同僚、友人」としてメディアでの露出が増え、19年6月からツイッター（現在のX）を始めました。多い時は1日に30～50人からメッセージが届き、12時間ほどスマホと向き合っている日もあります。

「元死刑囚の友人」という私の肩書の影響からか、殺人願望を持った人からも連絡が届きます。

ある若い男性は、特定の女性芸能人に好意を抱き、その芸能人が通っているカフェに通ったり、ナンパのテクニックが書かれた本を読んだりして「会うために人生を捧げている」と言いました。でも「うまくいかないから人を殺します」と。またある男性は、生活保護受給を不当に打ち切られたと思い、私に対して「役所の職員を殺しに行くので手伝ってください」と言いました。

共通していると思うのは、「自分は正しい。誰よりも努力してきたのに、自分が報われないのは社会や他人が悪い。そんな社会は壊していい」といった考え方です。それは、青葉被告が10年かけて書き上げた「最高のシナリオ」の小説が京アニ大賞で落選し、「盗作された」という恨みを持ったことにも通底しているのではないでしょうか。

Xに届くメッセージには必ず返信します。私はただの警備員です。専門知識はなく、引き出しも少ないけれど、できることがあるなら何かやろうか?というスタンスです。

妄想や幻聴の症状を抱えているのに、医療とのつながりが薄い人もいます。まず話を聴くことに徹し、「医療や福祉とつながろう」と伝えていますが、拒否されることが多い。どのように適切な支援につなげていくべきかを考える毎日です。

生まれた時から事件を起こそうと思う人はいないはずです。幼少期から様々な境遇、経験の中で、徐々に形成されていく。幼少期からメンタル面のケアを重視していくべきです。私自身の経験を振り返ると、明らかにうつ病の症状がありましたが、当時は気づくことすらできませんでした。

例えば、小中学校などの定期健診で「メンタル」に関する項目を増やし、必要な場合は適切に医療につなげていくことも必要ではないでしょうか。

年を重ねてから「兆し」が見える人もいます。青葉被告の場合、下着窃盗やコンビニ強盗の事件を起こしました。そういった場合に、いかにケアをしていくかも課題です。

最悪の事態の「ストッパー」になる

《自分の人生を振り返った時、下着泥棒も、強盗もそう。人とのつながりが完全になくなった時に犯罪行為に走るという共通点がある》

（青葉被告、23年9月14日の被告人質問で）

青葉被告は公判の中で「人とのつながり」について語っていました。

大きな事件、特に自死に他者を巻き込む「拡大自殺」の事件が起きれば、ＳＮＳやネット上に「死にたいなら人を巻き込まずに死ぬべきだ」「一人で死ね」という言葉があふれます。

身の回りで「少し変わった人」がいれば、距離を取ることが最適解だ、とも言われます。「少し変わった人」と積極的に関わりを持つのは難しいかもしれませんが、何かアプローチする方法があると思っています。

私はXにメッセージをくれた人と直接会って、カフェや食事に行くこともあります。連絡を取り合った後、一方的に拒絶された時は、「次にラーメンを食べに行こうと言っていた約束は、まだしたままだからね」などと伝えることもあります。

全てを一人で背負い、孤立し、外部とのつながりが希薄になった先に、事件を起こしてしまうのかもしれない。人とつながり、言葉を交わしたことが、最悪の事態の「ストッパー」になれればと思っています。

私がやりとりができているのは「元死刑囚の元同僚・友人」「会社員（警備員）」である私の「周波数帯」にいる人たち。当然、私の声が届かない人たちもいます。

もっと違った「周波数帯」で語る人がいてほしいし、相談できる人が増えたほうがいい。救ってくれたのが、好きなアーティスト、ゲーム、アニメ、時には「大友」でも良いわけです。それぞれが選べる選択肢が増えていけばいいなと思っています。

これ以上、被害者を生んではいけない。そう痛感したのは、加藤元死刑囚の死刑が執行された22年7月26日。以前からやりとりがあった秋葉原事件の被害者から電話が入りました。「なんでもっと早く殺さなかったんだ。俺はもうあいつのせいで……。なんでだよ、なんでだよ」と泣き叫んでおられた。いたたまれない思いで、謝ることしかできませんでした。

被害者の処罰感情に触れる経験が重なり、23年9月から保護司になりました。なぜ加藤元死刑囚が事件を起こしてしまったのか、今でも考えています。秋葉原事件の1カ月後に加藤元死刑囚が大好きだったゲームの新作発表がありました。「たられば」ではありますが、もし新作発表が事件前にあれば、一瞬でもとどまっていたかもしれない、とも思います。

事件を起こす前に、誰かの顔が思い浮かべば、思いとどまるかもしれません。秋葉原事件で私はそんな存在になれませんでしたが、今後は、いろんな人にとっての「誰か」が、世の中に増えていけばいいと思っています。

（聞き手・小島弘之）

4．その時代特有のゆがみから、事件の教訓を導く

――吉岡忍さん（作家）

人間は「器」のようなものです。何を盛りつけるかによって、完成するものは変わる。そして、盛りつけられたものに、その人の生きた時代性が反映されます。

事件の教訓を導くには、その時代特有のゆがみを明らかにする必要があります。しかし、裁判では時代性や社会的な背景はむしろそぎ落とされ、常識の範囲内での異常へと当てはめられ、単純化されてしまいます。どの事件も同じような背景だったというように結論づけられてしまう。

青葉被告には妄想があったとされていますが、その妄想にも時代性が深く結びついているはずです。同じ「妄想」でも、一人ひとり異なる妄想の構造があるし、その時代のリアリティーや切迫感があります。では、青葉被告に見えていた世界とは、どういったものだったのでしょうか。

社会をどう捉えるか、バブル期を境に起きた変化

僕は世界を認識する仕方を考えた時に、1990年ごろに大きな分断面があったと思っています。

90年ごろまでは、歴史的に物事を理解するのが常識でした。「歴史」とは連続的で時系列な世界の見方で、物事の因果関係を重視する。過去から教訓をくみ取ることが、現在の暴走を防ぐブレーキになる、という捉え方です。

それまでの日本には、第2次世界大戦の敗戦を経て、高度経済成長による繁栄という両極端を大多数の国民が経験し、歴史的な体験が共通理解としてありました。そして、地縁血縁が根強い地域社会、企業社会が存在し、うっとうしい面もいっぱいありましたが、良くも悪くも、「安定剤」となっていました。

それが90年前後を境に、東西冷戦の終結、バブル経済の崩壊という、まさに世界の捉え方を変える大きな出来事がありました。経済面では日

吉岡忍（よしおか・しのぶ）

1948年生まれ。早稲田大学在学中にベトナム反戦運動などに参加。ノンフィクション作家として87年、『墜落の夏』（新潮社）で講談社ノンフィクション賞を受賞。『M／世界の、憂鬱な先端』（文藝春秋）など著書多数。2017～21年には、日本ペンクラブ会長を務めた。

本でも新自由主義政策が進められました。派遣労働の自由化で派遣、非正規の労働者が増えていきました。

「社会なんてものはない。個人としての男がいて、個人としての女がいて、家族がある。ただそれだけだ」という英国のマーガレット・サッチャー元首相の有名な言葉があります。新自由主義により、安定剤だった社会という基盤は失われ、個人あるいは家族は、ぽんっと不安定な世界の中に放り出されたのです。

95年には「ウィンドウズ95」が発売され、誰もが自分のコンピューターを持つデジタル情報化社会が訪れました。インターネットの普及は歴史的、連続的な世界観とは対照的な、フラットでパッチワーク（つぎはぎ）的、非連続な世界観への転換を促したと、僕は考えています。

そんな時代の帰結として生まれたものの一つが、青葉被告自身も強く影響を受けたと証言しているライトノベルで、のちに京都アニメーションでアニメ化されている「涼宮《すずみや》ハルヒの憂鬱《ゆううつ》」でしょう。

因果関係なき世界で生まれた「一発逆転」の発想

同作は、小さな町の片隅で退屈な日常を送るありふれた主人公が、突然世界の運命を左右するような大きな出来事に巻き込まれていくというういわゆる「セカイ系」と呼ばれるジャンルの代表作と言われています。

セカイ系的世界観、ハルヒ的世界観では、主人公を取り巻く「小さな世界」が、なぜ世界の危機という「大きな世界」とつながるのか、あいまいなまま物語は展開する。歴史的世界観は蒸発しています。非連続な世界で、因果関係という発想は無効化されるのです。青葉被告の世界構造は、まさにこのセカイ系的世界観だと言えると思います。

こういった世界の捉え方は何をもたらすのか。それは、一発逆転ができるという発想でしょう。青葉被告はコンビニ強盗事件を起こして刑務所に入った際、出所前のアンケートにこう書いたといいます。

「1年後の目標『作家デビュー』。5年後『家を買う』。10年後『大御所になる』」

過去の歴史の上に現在があるというスタンスに立てば、本来一発逆転はあり得ない。でも、非連続な世界ではそれが成り立つ。インターネットで自分に都合の良い情報だけを集めるように、つぎはぎだらけの自分だけの世界を作り上げる。そこに因果関係は必要ないのです。

「涼宮ハルヒの憂鬱」の主人公である語り手はごくありふれた男子高校生ですが、クラスメートのハルヒが無自覚に世界を変えてしまう力を持っていることを知る。そこから、世界の終わりを防ごうとする動きにどんどんと巻き込まれていきます。

自分だけが世界の真の姿を知っている――。この思考も青葉被告には共通していますね。青葉被告を支配していたのが、闇の世界帝国があるという世界観です。彼は「闇の組織」や「ナンバー2」と表現していますが、世界を陰で操る支配者がいて、ナンバー2はいわばその日本の出先機関のようなもので、さらにその手足として「公安」が動いている。対照的に自身がいる世界は「底辺の世界」と語り、わかりやすい階層構造として捉えています。

《底辺の世界、要するに派遣とかコンビニというのは無秩序で、人の食い合いの世界。人を売ったり、何もせずに給料をもらったりとか。平気で自分のことを無視して対応している人がいたり。こんなの氷山の一角で、ちゃんとされたことをして返さないと、自分で何をやったか、わからない人がいる》

（青葉被告、2023年9月13日の被告人質問で）

彼の語る底辺世界は自身の経験に基づくもので、ものすごくリアルで生々しい。コンビニでのアルバイトや非正規の派遣社員時代を振り返り、無気力で足の引っ張り合いばかりをしているように見える同僚たち、リーマン・ショックや派遣切り。そんな中で、自分だけは世界構造を見抜いており、底辺から抜け出せると信じている。一発逆転の世界観がここに重なってきます。

彼は幼少期、父親から虐待を受けるなど不遇な成育環境にありました。ただ、発想の根底にあるのは強者の論理です。公判でも「やられたらやり返す」という価値観を強調しており、「上りのエスカレーターに乗りたい」という強者への強い憧れがある。逆に「底辺の人間とは議論しても無駄」と語り、連帯や共感は不可能だと確信しています。

でも、そういった考え方はまさに現代の格差社会が反映されています。多様性の価値観が近年うたわれてはいますが、やはり今でも経済優先、弱肉強食の考えがメインストリームではないでしょうか。世界を見渡してもそうです。そういう意味で、青葉被告はとても主流的な発想をしていると言えます。

自分だけが世界の本当の姿がわかっていて、いつかこの底辺の世界を抜け出し、上りのエスカレーターに乗り、一発逆転で小説家になる——。

青葉被告の思考を助長させた格差社会

しかし、もちろん現実に一発逆転は起こりません。退屈な日常を変えてくれるハルヒも現れない。頼れる家族もいない派遣社員という青葉被告の前にあったのは、地域社会も企業社会も存在しない、ひどく不安定な底辺世界でした。

やり場のない怒りやエネルギーは、それは時に性的欲求だったりもしますが、その矛先として自分に都合の良い対象をパッチワーク的に作り出していきます。社会が喪失し、個人が直接世界と結びつく時代に、その対象は「世界」そのものになる。

「誰でも良かった」という犯人の発言は今では珍しくありません。時系列で物事を見れば敵ははっきりしますが、セカイ系的世界観では、怒りや憎しみの矛先は世界という不特定多数に向かいがちです。

私はこのような世界観が、1990年ごろから起きてきた多くの事件の背景に共通してあると思っています。

例えば、88～89年に発生した連続幼女誘拐殺人事件はまさにその先端でした。死刑判決を受けた宮崎勤・元死刑囚（２００8年に執行）について、司法は「性的欲求を満たすための犯行」と決めつけました。でも実際には、彼は性的不能でした。

僕はこう考えています。自らの手の障害などから来る肉体への嫌悪、それを補うために夢中になっていたアニメやビデオなどのコレクション、そしてよりどころだった祖父の死を機に、女児を誘拐して殺害し、その希少な写真を撮るという行動に向かっていったのではないか、と。

彼の場合も、背景には「希少な写真を持つことでコレクターの間で一目置かれたい」という成功への願望、パッチワーク的で因果関係のないわかりにくい動機、不満の矛先を不特定多数へ向けている点などで、青葉被告と共通している部分が多いです。

08年に発生した秋葉原無差別殺傷事件もそうです。加藤智大・元死刑囚は自分の居場所だと考えていたインターネット掲示板で、自分になりすました人物が現れたことをきっかけに、アイデンティティーを失ったと考えて無差別に人を襲いました。１９９5年に地下鉄サリン事件を起こしたオウム真理教、97年に神戸で児童連続殺傷事件を起こした少年Aも同様で、80年代までは動機を因果関係で説明できていたのが、90年代からは因果関係で説明できない事件が増えたように感じます。

ただ、周りから見て理解できないものでも、本人には本人なりのリアリティーや切実さがあります。青葉被告は実際に小説を書き、コンクールに応募をしているし、本人にとっては現実と密接につながっていました。

青葉被告の公判証言の中で闇の組織の一員としてナンバー2が何度も登場しますが、誰も「ナンバー1」は誰なのか聞きませんでした。きっと彼のイメージでは、アメリカだと思うんです。ここも現実の世界と相似形になっています。彼の妄想する世界帝国と、現実のアメリカ一強の世界って、やっぱり重なるじゃないですか。

彼の妄想、世界の捉え方には、今の社会の現実が反映されています。現実から栄養を得ている。もっと言えば、我々の社会を極端に誇張して現れた姿とも言える。そう捉えないと、この事件の本質は理解できないのではないでしょうか。

重大事件の背景に共通するもの

僕は今まで、多くの事件の加害者を取材してきました。もちろん、被害者の思いに耳を傾けることも大切だとは思いますが、今回のような無差別事件の場合、被害者に落ち度や責任はなく、偶然そこにいただけのことが多い。一方、加害者が加害者になるのには必ずどこかに必然性がある。加害者を事件に駆り立てた道筋や時代の病を知るためには、被害者ではなく加害者を取材しなければわかりません。

しかし、近年の事件報道は被害者報道一辺倒になり、事件の動機の分析はほとんどされなくなりました。ジャーナリズムの役割の放棄ではないかと危惧しています。

こういった事件が起きた時に、再発防止のためには何が必要ですかと聞かれますが、僕は防ぐのは難しいと思っています。なぜなら、今の格差社会を作り出している社会の主流派には、青葉被告のような人を自分たちが生み出したという発想はないから。その代わり、異物として死刑にして、排除してきました。

福祉体制の充実といった対策はもちろん大事なことだと思いますが、がんは、ばんそうこうを貼っても治らない。もっと根本から考えなければならないと思います。彼が特異な妄想によって事件を起こしたと考えるのは違う。現実に存在する格差社会の底辺から抜け出そうと、小説家という一発逆転の夢を目指したが、それが断たれた。僕らにできることには限界があるけれど、せめてそういう彼の道筋を、我々は認識する必要があります。

（聞き手・山本逸生、戸田和敬）

考えなければならないのは、青葉被告には現実の世界に「居場所」がなかったのではないか、ということです。

5．夢破れた人でもやり直しがきく社会へ
――阿部真大さん（甲南大学教授）

青葉被告が経験した二重の排除

青葉被告は幼少期に親の離婚や父親からの虐待があり、不幸な家族環境だったと思います。

育ったのは、埼玉県郊外。そして、核家族です。近所の商店街で、親しいおじちゃんやおばちゃんがいるといった濃密な地域コミュニティーは乏しかったように思います。裁判の中でも、そのような記憶は語られませんでした。地域コミュニティーの希薄な中での家庭内不和は、本人に与えるダメージがとても大きいです。

1970～80年代、「暴走族のライフコース」とでも言うべきものがありました。家庭

内で不和があり、グレて、学校に通わなくても、暴走族に入って、そこで仲間を作ることができる。暴走行為をしながらも、最終的には地元の雇用システムに組み込まれていく、というものです。逸脱少年はこうして社会化されていったのです。

家庭内不和があっても、「あそこの家の父ちゃん、いい加減だから」などと地域の人たちは事情を何となく知っている。結果、「悪い仲間」とつるんでも、最後は地域社会が受け入れる形で、地元で仕事をして生活を続けられます。

青葉被告の場合、家族から排除されると同時に、その外側の地域コミュニティーからも排除されるという二重の排除があった。だからこそ、より孤立が深かったのではないでしょうか。

現実の世界に彼の居場所が一つでもあればよかったのにと思います。家庭からも、学校からも、地域からも孤立し、最後はインターネット上に居場所を見つけ、ネットの情報を過信していくことになってしまった。

《小説（のアイデア帳）を燃やした時、つっかえ棒がなくなった。真面

阿部真大（あべ・まさひろ）

甲南大学文学部教授。専門は労働社会学、家族社会学。著書に『搾取される若者たち』（集英社）、『居場所の社会学』（日本経済新聞出版社）など。

目に生きていくつながりがなくなり、よからぬ事件を起こすほうに向かいます》
（青葉被告、2023年9月19日の被告人質問で）

誰しもそれぞれの不幸を抱えているはずですが、どこか現実の社会に自分の居場所を見つけ、承認感を得ることで、その不幸を克服しながら生きているのだと思います。

青葉被告は不幸が次々に重なり、最終的に「つっかえ棒がなくなった」と表現しました。小説家になることだけが自己実現の方法だと最初から考えていたわけではなく、だんだんとその手段（「つっかえ棒」）が失われ、小説家になるしかないと思うに至ったのだと思います。

人と人がつながる「ソーシャルキャピタル」（社会関係資本）が失われ、いくつもの「つっかえ棒」がポキポキと折れていき、最後は小説家になることで一獲千金を狙いますが、それもかなわなくなったとわかり、自暴自棄になりました。そういった背景から、彼は失うものが何もなくなった「無敵の人」になったのでしょう。

「剥奪感」が大きいロスジェネ世代

もう一つ考えるべきは、世代です。青葉被告は「ロストジェネレーション」(ロスジェネ)と呼ばれる就職氷河期世代です。バブルが崩壊し、日本企業が新卒の求人を一気に絞ったことで、就職できない人が大量に生まれました。この世代は、「相対的剥奪感《はくだつ》」が大きい世代だったと思います。

私は青葉被告の二つ年上で、同世代です。就職して、結婚して、育児をして、マイホームや車を買って、という典型的な戦後家族の人生を歩むのが当たり前だと思っていました。しかし、ロスジェネ世代に関しては、そのような人生を歩めない人が大量に生まれました。

それ以降の世代も同じような人生を当たり前のように歩めているわけではありませんが、ロスジェネ世代は、上の世代が就職に恵まれ、当たり前のように戦後家族の人生を歩んできた姿を見てきた。だからこそ、自分が思い描いた人生を歩めなかった時、「はしごを外された」という意識を強く持ったのだと思います。

青葉被告は、少なくとも、真面目に「何かをかなえたい」と思っていた人だとは思います。コンビニのバイトでも、周囲が仕事をさぼるといらだっていました。最初から「自分はできない」「そこそこの生活でいい」と思っていたら、定時制高校を皆勤で卒業することは難しかったでしょうし、バイトでも手を抜いていたと思います。小説家として大成しようとも思わなかったはずです。自分に対する期待が大きかったことがうかがえます。期待と現実との落差が不満感に結びつき、社会への恨みにつながっていったのでしょう。

青葉被告は法廷で「上にのぼれる階段なんていくつもある世界ではない」と言いました。「底辺の人間」だった自分を、秋葉原無差別殺傷事件の加藤智大・元死刑囚に重ね合わせて共感し、犯罪の模倣が起きてしまった。大変に不幸なことだと思います。

自らが掲げた「夢」がかなわなかった時、その人がどのように次の人生を始められるかを、社会として考えなければなりません。

青葉被告が音楽系の専門学校を辞めた後、すぐに正社員として働き、家庭を築けたかというと、簡単ではなかったはずです。派遣の仕事やバイトをして、最後まで「夢」にかけるしかなかった。結果、インターネットという虚構の世界にのみ込まれてしまいました。

虚構の世界にのみ込まれた人たちを包摂するために

「クレヨンしんちゃん　嵐を呼ぶモーレツ！オトナ帝国の逆襲」という映画があります。

戦後日本の成長期に少年時代を過ごした父ひろしと母みさえが、悪の組織に連れて行かれ、1960〜70年代のノスタルジーの世界という虚構から戻れなくなる。そんな大人たちを、しんちゃんたちが現実に連れ戻すというストーリーです。

最後にひろしを現実に戻すのが、ひろしの靴です。靴のにおいをかぎ、上京し就職して、結婚して子どもが生まれ、マイホームを建てるという苦労とともに、子どもたちとの生活を思い出し、現実に戻っていきます。

ひろしとみさえには、戻るべき現実がありました。自分たちが思い描いた理想の世界と違って、苦労もたくさんあるけれど、家族という大事な存在があった。

青葉被告には、こんなふうに戻れる場所がなかったのではないでしょうか。

虚構の世界にのみ込まれ、現実に戻れない人たちを、現実に引き戻し、社会に包摂するためには、現実世界に、戦後家族的なライフコースとは異なる、多様な幸せのあり方を用意しておく必要があります。

人は、自分自身の選択に納得しながら、前に進んで生きていくものです。夢が破れても、自分はその夢を実現することを「選べなかった」と考えるのではなく、「選ばなかった」と気持ちを立て直して、生きていくこともできます。

そのためには、例えば、40代からでもやり直しがきく社会が必要です。70代でも働く時代です。人手不足とも言われています。どんな人でも、尊厳ある働き方（ディーセント・ワーク）を通して活躍できる場所を作っていくことが、社会的包摂なのだと思います。やり直せるチャンスが豊富にある社会を作ることこそ、今求められているのではないでしょうか。

（聞き手・光墨祥吾）

6.「無敵の人」を「無敵」でなくすのは相互接触

――與那覇潤さん（評論家）

《自分の人生を振り返った時、下着泥棒も、強盗もそう。人とのつながりが完全になくなった時に犯罪行為に走るという共通点がある》

（青葉被告、2023年9月14日の被告人質問で）

36人を殺害し、32人を負傷させた青葉被告は、理解不能なモンスターと見なされてもやむを得ません。しかし裁判の記録に接した時、右に引用したような発言に衝撃を受けました。

「小説を盗用された」という妄想から凶行に及んだ被告が、自分のことは意外なほど冷静に把握していた。逆に言えば、一定の理性が備わっていたにもかかわらず、犯行を抑えられなかった。どこかで止められなかったかと思うと、言葉にできないむなしさを覚えます。

秋葉原殺傷や安倍氏銃撃との共通点

青葉被告自身が認めるように、２０１９年の京都アニメーション放火事件は、本人が社会的に孤立した果てに生じた犯罪でした。同じ構図を見いだせる重大事件は近年、少なくありません。

08年の秋葉原無差別殺傷事件も、22年の安倍晋三元首相銃撃事件も、不幸な生い立ちを経て、一人で思い詰めた男性が起こした事件という性格があります。いずれも、青葉被告と同世代です。

しかし、秋葉原事件は当時「格差社会への抗議」と解釈されて奇妙な共感を呼び、安倍元首相の殺害は「旧統一教会への怒りの表明」として報じられ、宗教行政に影響を及ぼしました。結果として、犯人が置かれ

與那覇潤（よなは・じゅん）

1979年生まれ、評論家。専門は日本近現代史。著書に『平成史』（文藝春秋）、『歴史なき時代に』（朝日新聞出版）など。うつにより公立大学准教授の職を離れ、在野で活動している。

ていた「社会的孤立」の問題は、素通りされたままです。

目の前の出来事を「自分に都合の良い形でのみ意味づける認識」を妄想と呼ぶのなら、被告だけでなく私たちにも「妄想」がありはしないか。そんな気さえします。

三つの事件に共通するのは、「ネガティブなものを共有できる場所」が日本社会に乏しいことが犯行につながった、という点だと思います。

裁判で示された半生を見ると、青葉被告にもうまくいっていた時期がありました。中学で不登校になったものの、定時制の高校時代は皆勤で通し、県庁のアルバイトもこなしました。

コンビニ強盗で懲役刑を受けた際も、服役中に精神疾患が認められた後、病気や高齢の受刑者と働くエリアに移されると、模範囚と呼ばれるほど更生していきました。

全日制の高校に通っていない人や、精神疾患を持っている人は、周囲から否定的に見られるのではないかと気にしてしまいがちです。でも、同じ境遇の人が隣にいると思える環境では、青葉被告も安定していたのです。

事件を繰り返さないためには、ネガティブと思われがちなものにも「居場所」がある社会でなくてはならないと思います。

「社会の消臭化」が進んだ日本

平成の後半から、日本では「社会のデオドラント化」が進んだと感じています。ネガティブなものは、そもそもこの世に存在しないでほしい。少しでもにおったらスプレーをかけるように、「除菌」しようとする傾向が強まりました。

同じ時期に普及したSNSは典型です。気に入らない言動や表現を見た時、「みんなでたたいて、世の中から消してしまおう」とあおる人が増えました。

かつてリベラル派と呼ばれる人たちは、異分子と共存していくことを説いたはずなのに、今は、敵視する相手の排除に率先して走る動きばかりが目立ちます。

背景には、孤立社会と表裏一体の「自己完結志向」の高まりがあります。

例えば、アプリで店を予約するのに慣れると、電話をかけるのがまだるっこしくなります。店員さんと話すだけで負担に感じると同時に、「接客中に迷惑では」と気にしてしまう。沈黙のまま、会話なしに「自分だけ」で行為を完結させたいと、みんなが願っている。

そうした欲求は、容易に「潔癖症」へと転じます。些細《ささい》な迷惑ひとつでも、相手を不快にするかもしれない。消臭剤をかけられる対象になるかもしれない。だから、周りに迷惑だと思われないように、自分のネガティブなところを隠そうとするけど、どこかで抑えきれなくなり、暴発してしまう人が出てきます。

昨年話題になった、東京都新宿区・歌舞伎町の路上にたむろする「トー横キッズ」、風俗店の男性に貢ぎ続ける「ホスト狂い」、反社会的な動画で人気を集める「迷惑系ユーチューバー」の追っかけたち。なぜそんなものにハマるかといえば、「後ろ暗い影のある世界でなら、ネガティブな自分でも受け入れてもらえるのではないか」と、最後の希望にする人がいるからではないでしょうか。

それに対して私たちの社会は、間違った処方箋《しょほうせん》を書き続けています。社会的包摂という時も、「福祉を充実させるためにお金をばらまけ」と唱える議論ばかりで、「孤立をいかに和らげるか」という本来の目的からすっかり離れてしまいました。

格差社会論のピークだった秋葉原事件の頃に比べれば、今のアルバイトの時給は大きく上がっています。青葉被告も事件前は生活保護を受けており、財産なしで放置されていたわけではなかった。それでも、孤立感を抱く人々による異常な犯行は止まっていないように思います。

「なくす」のではなく「無害にする」こと

京アニ事件でもう一つ重要なのは、「妄想」との向き合い方です。

青葉被告には、病的な妄想とともに、自作の小説と少しでも重なる表現を見ると「パクられた」と判断する認知のゆがみがあった。この点は、検察側と弁護側の鑑定医がともに認めています。家族と同居していた頃、母親が青葉被告の発達障害を疑って、受診を促したこともありました。

こうした人と、私たちはどう接していくべきなのか。いかに除菌志向の社会でも「認知の障害を持つ者は、予防拘禁して隔離しろ」とまで言う人は、さすがにいないでしょう。むしろ大事なのは、認知のズレやそこから生じる妄想を「なくす」のではなく、お互いに緩和しあって「無害にする」ことです。そこにこそ、本当の包摂の意味があります。

青葉被告で言えば、必要なのは「小説家を目指している」と打ち明けても見下さない友人だったと思います。その人に「京アニにパクられた」と訴えて、「いやいや。それはよくあるアニメの設定だよ」と返してもらえていたら、事情は変わっていたはずです。

最初は納得しないかもしれない。でも、「この人との関係は切りたくない」と思える相手なら、そこでけんかはせず、認識がズレたままでも一緒にやっていこうとしたでしょう。

青葉被告の妄想には「日本を守ろうとする政治家は外国に消された」といった内容もありました。同じような妄想を信じている人は青葉被告以外にも多く、中には著名なインフルエンサーもいる。そうした陰謀論は批判されていますが、支持者をゼロにするのは難しいでしょう。

大事なのは、陰謀論の信者を論破することではなく、彼らが「暴発」しないように包摂することだけなのです。

ネガティブな存在を受け入れられる社会を

京アニ事件でも、秋葉原事件でも、安倍元首相の銃撃事件でも、失うものが何もなく、犯行をためらわない「無敵の人」が取り沙汰されます。大切なのは「無敵の人」を「無敵」でなくすること、つまり、「犯罪を起こしたら、自分はこれを失ってしまう」というものを持たせることでしょう。

それは、お金じゃない。むしろ対人関係であり、相互の接触なんです。「自分のことを認めて、相手してくれる人を、嫌な気持ちにさせたくない」。そう思う相手がいれば、「君の認識はちょっと違うよ」と言われた時に耳を貸せるし、最後に犯行を思いとどまるブレーキになる。

認知が偏り、妄想も入っている。人によっては病気かもしれない。そうしたネガティブな存在がいたら、互いにつきあって「薄めあう」ことが大事です。「消そう」としたら暴力になる。

日常生活でも、自分が「嫌い」と思う相手を避けてしまうのは、ある程度までやむを得ません。でも、別の人とご飯に行った最中に、「いや、あいつにはこういう良いところもあるよ」と言われることで、「それでも好きにはなれないけど、全否定はしなくていいかな」と、ストップがかかります。

一方で、互いに孤立し、ネットの検索だけで相手を「理解した」つもりになれる環境は、そうした修正が起こらない点で危ういんです。

京アニ事件の翌年に始まった、新型コロナウイルス禍が証明しています。

感染した人が「ネガティブな存在」としてたたかれた後、バッシングの対象はマスクをしない人、不謹慎に見える人、ウイルスをめぐる見解が違う人、ワクチンを打たない人……と、無限に拡大していきました。

対面で会って話せば、認識が違っても「殴ることはないよな」と抑制がきくはずが、接触を忌避するために「孤独なまま、ネットでだけつながる」社会が人工的に作られ、攻撃的になる人が増えていった。

現実に放火はしないにしても、ネットで見てイラッときた相手はリンチで「炎上」させ、事実誤認を指摘されても、居直って謝らない。そうした人が続出しました。中には、大学教員などの有識者と呼ばれる人も、多数交じっていました。

ではどうすればいいのか。

現在の孤立社会の中では、薄められた「青葉被告」は地域や肩書を問わず、どこにでもいるんだと。まずはそう認識することです。

彼らはたまたま親ガチャや就職ガチャなどに当たって、今のところは「青葉被告」になっていないというだけに過ぎない。そうした自覚を持って、ネガティブなものを受け入れられる社会を作り直すのが、私たちにできることだと思います。

（聞き手・左古将規）

おわりに　何ができるか問い続けて

殺人事件として戦後最悪とみられる犠牲者を出した事件から、5年が経ちました。現在、京都アニメーション・第1スタジオは解体され、背の高いフェンスで囲われています。

36人が犠牲になり、32人が負傷した事件の背景や動機を知るために、取材班は事件発生直後から、青葉真司被告の事件直前の言動を追ったほか、小中学校や高校、派遣社員時代などを過ごした場所を歩いてゆかりの人々を取材しました。しかしながら、被告の詳しい肉声を得ることはできませんでした。

一時は意識不明だった被告が会話できるまで回復したのは、本書でも紹介したように、医師の懸命な治療によるものでした。その青葉被告が法廷で何を語るのかに世の中の注目が集まりました。そして2023年9月5日に京都地裁であった初公判には、一般傍聴席を求めて早朝から列ができ、500人が整理券を受け取りました。

裁判員裁判は24年1月までの約5カ月にわたり、23回開かれました。毎回出廷した青葉被告は、幼少期の親からの虐待や貧困、家族との関係、就職氷河期や派遣切り、社会からの孤立などについて自らの言葉で語りました。取材班は欠かさずに傍聴し、その内容を朝日新聞紙上と朝日新聞デジタルで報じてきました。

一方で、遺族たちは意見陳述で、かけがえのない家族との二度と戻らない日常を語りました。心と体に決して癒えることのない大きな傷を抱えた負傷者たちも、悲痛な思いを訴えました。そして多くの方々が極刑での償いを求めました。

このほか裁判では、生活保護や訪問看護、訪問介護などを通して、周囲の人々が青葉被告を支えようとしていた様子も浮き彫りになりました。

池田（本名・寺脇）晶子《しょうこ》さん（当時44歳）の夫は法廷で、こう語りかけました。「青葉さんは強盗などの前科を重ねた後、更生施設に入所し、その後は生活保護を受給するなど、公的ケアにアクセスできていながら、訪問看護など救いの手を自ら拒絶しました。青葉さんが一度ならず二度、更生に失敗しているという事実は決して過小評価すべきではありません」

この事件を、青葉被告個人が引き起こしたこととして片付けてしまってよいのだろうか。裁判の傍聴を続けながら、取材班が強く抱き、そして悩んだ思いです。私たちが暮らすこの社会で、青葉被告はつながりを求めながらも保てず、何度もやり直そうとしました。だからこそ、私たち一人ひとりの課題として、被告の半生に思いを巡らせることが大切だと思いました。

青葉被告とは何者だったのか。青葉被告が引き返せるタイミングはなかったのだろうか。再びこうした事件を起こさないために社会に何ができるのか。答えは容易に見つかりませんが、私たちは考え続けたいと思います。本書が、皆さんと一緒に考える材料になれば幸いです。

裁判員裁判の傍聴に加えて、取材班は再度、被告が幼少期に育った場所や一人暮らしをしていたアパート周辺を訪れて取材しました。そうした今回の取材・執筆に参加した記者は、吉村治彦、光墨祥吾、西崎啓太朗、関ゆみん（以上、京都総局）、後藤泰良、長富由希子、北澤拓也、森下裕介、山本逸生、戸田和敬、堀之内健史、大瀧哲彰、小島弘之、宮坂知樹、華野優気（以上、大阪社会部・ネットワーク報道本部）ら多数に上ります。

原稿の監修は大阪本社社会部次長の小河雅臣、山本亮介、ネットワーク報道本部次長の左古将規が務めました。

朝日新聞デジタルの連載シリーズＡ－ｓｔｏｒｉｅｓ「螺旋　ルポ青葉真司被告」（24年1月20日～25日配信）を読み、早々に出版を提案してくださった朝日新聞出版の喜多豊さんには多くのご助言をいただきました。厚くお礼を申し上げます。

２０２４年11月

朝日新聞大阪本社社会部次長　小河雅臣

資料

■判決理由要旨■

36人が犠牲になった京都アニメーション放火殺人事件で、殺人罪などに問われた青葉真司被告を死刑とした京都地裁判決の要旨は次の通り。

【犯行に至る状況】

証拠によれば次の事実が認められる（妄想の内容も含む）。

被告は2009年5月、京アニ制作のアニメ「涼宮《すずみや》ハルヒの憂鬱《ゆううつ》」を見て感銘を受け、作品をまねた小説を書き始め、インターネット掲示板に自分の作品について書き込んだ。それに対する書き込みを有名な編集者や京アニの監督からのアドバイスだと確信したほか、掲示板上のやりとりを通じ、監督に結婚を求められているとも確信した。

また、自分は世界経済に影響を与える人間として「闇の組織のナンバー2」から注目されており、ナンバー2の指示の下、公安警察から日々監視されるようになった、などと確信した。

16年、京アニが設けた小説コンクール「京都アニメーション大賞」に短編小説を、監督の誕生日には長編小説をそれぞれ応募したが落選し、ショックを受けた。京アニ制作のアニメ「映画 けいおん!」と「Free!」で自分の小説のアイデアが盗用され、落選にはナンバー2が関わっていると確信した。京アニへの恨みを増幅させ、ネット掲示板に秋葉原無差別殺傷事件や京アニへの自爆テロを示唆するような書き込みをした。

孤立して生活が困窮する中、小説を落選させた上、盗用を続けて利益を得ているとの恨みを強め、放火殺人をしないと盗用が終わらないと考えた。被告をつけ狙うことをやめるようナンバー2にメッセージを発しようとも考え、犯行を決意した。

【刑事責任能力】

起訴後に東京医科歯科大学大学院の岡田幸之《たかゆき》教授が行った鑑定によれば、被告は当時、妄想性障害に罹患《りかん》していたと認められる。岡田鑑定や、起訴前に大阪赤十字病院の和田央《ひさし》医師が行った鑑定によれば、被告は独善性、猜疑心《さいぎしん》が強い、怒りやすい、攻撃行動をしやすいという性格傾向があると認められる。

岡田鑑定によれば、被告の妄想は、現実の生活困窮から追い詰められ、周囲から孤立していた状況の中、自分の応募した小説を落選させた上、アイデアを盗用して会社を成長させている京アニや監督を許すことができず、京アニを攻撃しなければならない、という考えに至った動機の形成に影響している。だが、攻撃の範囲や京アニ全体への放火殺人という手段を選択した点には影響していない。

被告は、幼少期の虐待や派遣切りなどの境遇が似ている秋葉原無差別殺傷事件の犯人にかねて共感していた。その共感もあり、大量殺人を選択したと考えられる。自身の考え方や知識などから選択しており、妄想の影響はほとんど認められない。

被告は犯行当時、放火殺人を「よからぬこと」と考え、「良心の呵責《かしゃく》」があり、犯行直前に逡巡《しゅんじゅん》したと供述していた。犯行を準備する際、人との接触を最小限にとどめるよう心がけるなど合理的な行動を取っている。善悪を区別する能力を有していたと認められる。京アニへの放火殺人を考え始めた18年11月から約8カ月間、本件犯行の実行を思いとどまっていた。

犯行当時、善悪を区別する能力やその区別に従って犯行を思いとどまる能力は、いずれも著しく低下していなかったと認められ、完全な刑事責任能力があったと認められる。

【量刑の理由】

36人もの尊い命が奪われた結果はあまりにも重大で悲惨だ。普段通りアニメ制作のために働いていたところ、突然一瞬にしてさながら地獄と化した第1スタジオで炎や黒煙、熱風などに苦しみ、非業の死を遂げた被害者らの恐怖、苦痛は計り知れず、筆舌に尽くしがたい。会社に与えた損害も重大だ。全従業員の4割が被害に遭い、2割が亡くなり、売り上げや作品の制作ペースは半分以下となった。

強固な殺意に基づく計画的な犯行だ。犯行態様は、燃焼の速度が速く延焼拡大の危険性が高いガソリンを大量にまいて火をつけるという被害者らの生命の侵害の危険性が極めて高い行為であり、生身の人間にガソリンをかけて火だるまにするという誠に残虐非道なものだ。

京アニへの恨みを晴らす手段として、京アニ従業員を大量に殺害することを考えたというのは、人命を数としてしか評価しない、非人間的な思考と言わざるを得ない。人命の尊さを軽視する理不尽かつ身勝手なもので、極めて強い非難に値する。

遺族らは、理不尽にもかけがえのない大切な家族を奪われ、悲しみや苦しみ、喪失感はたとえようのないほど深く、大きい。多くが厳重な処罰を訴え、極刑を望むことも至極当然だ。

技術力が高く、数々の著名なアニメ作品を生み出し、感銘を与えていた京アニの社屋が放火されて全焼した。被害の大きさもあり、社会に衝撃を与えた。

犯行の罪質、経緯・背景、動機、態様、結果、被害感情、社会的影響、前科、犯行後の情状などを総合的に考えると罪責は極めて重い。動機の形成に妄想性障害が影響し、犯行の経緯や背景に被告を責められない面がないとは言えないこと、一応の反省の情を示し、改善可能性がないとは言えないことなどを最大限考慮しても、死刑を避ける事情を見いだすことはできず、死刑をもって臨むほかない。

■解説：責任能力の判断■

京都アニメーション放火殺人事件の裁判員裁判では、青葉被告は事件当時、刑事責任能力があったかどうか、もしあったならどの程度だったのかをどう判断するかが最大の争点となった。

刑事責任能力は物事の善悪を判断し、行動を制御する力のことで、犯罪行為に対して刑事責任を負わせる前提となる。刑法39条は「心神喪失者の行為は罰しない」「心神耗弱者の行為はその刑を減軽する」と定めており、青葉被告が事件当時、その能力が「あった」と認められれば有罪に、「なかった」と判断されれば無罪となる可能性があった。

京アニに火をつけたのは青葉被告だという「犯人性」には争いがなく、刑事責任能力が認められれば、死刑判決が言い渡される可能性が高かった裁判だったと言える。

検察側は責任能力があったと判断し、青葉被告を起訴している。一方の弁護側は初公判で「心神喪失で無罪」と主張した。青葉被告が10年以上にわたって妄想の世界で翻弄され、苦しみ続けてきたというのが理由だった。

法廷で明らかにされた青葉被告の妄想は、一般的には理解しにくいものも少なくなかった。

2008年ごろ、青葉被告が30歳の時、派遣の仕事を辞めている。青葉被告は法廷でその理由を「リーマン・ショックで派遣切りが来るとわかっていた」と述べた。また、「日本を財政破綻《はたん》させる世界的シナリオがあった」とし、当時の与謝野馨・経済財政担当相にメールで助言したことで、破綻は免れたとも語った。

その後、自身は「闇の組織のナンバー2」から注目されるようになったと説明した。同時期に青葉被告は小説の執筆を始めるが、「ライトノベルの編集者からネットの掲示板でコメントをもらった」「京アニの女性監督からアドバイスを受けた」などの妄想も抱くようになっていた。
女性監督については、ネット掲示板「2ちゃんねる」に監督本人が投稿していると考えていたようだった。青葉被告は「自分の小説を送りたい」などとやりとりを重ねていたと説明。「はっきりいって恋愛感情。(LOVEかLIKEかで言うと)LOVEであります」と述べた。気持ちはどんどん大きくなり、相思相愛だと思うようになったと当時を振り返った。

一方で、「闇の人物や公安による監視」という妄想も強まっていく。この頃、現実の世界では統合失調症と診断され、投薬を開始していた。16年、自身の小説作品が京アニのコンクールで落選した際は、「闇の人物のナンバー2による指示」と考え、その後の京アニ作品で、自身の作品からの盗用があったと思い込んでいった。

こうした妄想下にあった青葉被告の刑事責任能力をいかに判断すべきか。裁判では、青葉被告が起訴される前と後に精神鑑定を行った専門医2人に対する証人尋問が行われた。一人ずつ自身の鑑定結果を裁判官や裁判員らに説明した後、検察官や弁護人、裁判官、裁判員の質問に応じていくやりとりが続いていった。

起訴前の鑑定は、検察側による鑑定留置の期間に行われた。担当したのは、大阪赤十字病院の和田央医師。検察の捜査記録を元に20年6~12月、青葉被告と計25回面接したほか、家族の聞き取りなどを元に鑑定を進めた。
鑑定結果は「妄想性パーソナリティー障害」。事件に対する妄想の影響については「犯行の対象に京アニを選んだ点、動機の形成には妄想が影響を及ぼしたが、それ以外の部分には影響は認められない」と指摘。妄想よりも、青葉被告のパーソナリティーに起因するとした。

青葉被告のパーソナリティーとはどういったものか。和田医師は、青葉被告が幼少期に受けた父親からの虐待などによって、①極端に他人のせいにする傾向、②自分は特別だという誇大な自尊心、③不本意なことが起きた時、気持ちを押し殺して対人関係を維持しようとしたが、それができなくなると攻撃的な態度に転じる――という性格傾向があるとした。

その上で、この性格傾向を京アニ事件に当てはめ、コンクールで落選したなどの「現実の出来事」が、犯行に影響を及ぼしていると指摘。京アニ事件の1カ月前、青葉被告が埼玉県のJR大宮駅で無差別殺傷事件を計画していた点を挙げ、「完全に妄想に支配されていれば、攻撃の矛先は最初から京アニだったはずだ」とも述べ、あくまで攻撃的な性格傾向が犯行に影響していると結論づけた。

一方、起訴後に弁護側の請求を受けて地裁が依頼した鑑定は、東京医科歯科大学大学院の岡田幸之教授が実施した。21年9月から22年2月の計12回、青葉被告本人に面接し、青葉被告の母と兄からも話を聞いた。

岡田教授の鑑定結果は「妄想性障害」だった。青葉被告の事件当時の状況を「相反することがあっても変わることのない強い確信、妄想を慢性的に持ち、生活に影響をもたらしている」「妄想的信念に基づいて行動するよう強い圧力がある」と指摘。また、幻聴にも悩まされており、実際にはない物音を現実のものとして確信していたとした。

妄想や幻聴は犯行にどう影響したのか。岡田教授は、青葉被告が「自分に関わる人の中に、闇の組織の人間が紛れ込んでいるといった妄想があり、周囲からの孤立を招いた」と分析。孤立によって生活が困窮し、青葉被告の怒りやすく、攻撃的な行動をしやすい性格も相まって「犯行を促進した」と指摘した。

ただ、妄想性障害だからといって、殺人が悪いことであると認識できなくなる可能性は「ないと思う」と説明。妄想性障害と、放火殺人という方法の選択との因果関係は「病気とは関係なく彼の判断だ」との見解を示した。

23年11月6日の第16回公判。2人の鑑定医の尋問を受け、検察側と弁護側が刑事責任能力に絞った中間意見を述べた。

検察側は「犯行は、被告のパーソナリティーによるもので、刑事責任能力が著しく減退していたとは到底言えない」と主張した。刑事責任能力とは、①善悪を区別でき、②その区別に従って犯行を思いとどまる能力のことだとした上で、被告人質問で青葉被告が「放火殺人は重大な犯罪とわかっており、良心の呵責があった」と述べたことや、2人の医師が「被告は犯罪と理解できていた」と説明をしたことからも、①はできる状態だったとした。

②についても、青葉被告が事件直前、現場近くの路地で「十数分間、考え事をした」との説明に着目。青葉被告はその時、これまでの半生を振り返り、「あまりに暗い」と感じたとし、「何度もやろう、やめようと行ったり来たりの思考をして、最後、どうしても京アニは許せないと考えた」と述べていた。

検察側は、青葉被告が事件前に逡巡していたことに加え、犯行の3日前に京都に入り、下見や、犯行に使う道具を準備していた点も踏まえ、「首尾一貫して妄想の影響はなく、目的に沿った行動を自ら選択し続けた」と訴えた。

さらに、青葉被告の妄想については、「現実的な出来事がベースに生まれ、被告の感情やパーソナリティーが色濃く反映されている」「妄想の内容は、自身の生命や身体を狙われるといった差し迫ったものではない」などと指摘。妄想が「思考や行動に与えた影響は大きくない」とし、完全責任能力があったと訴えた。

対する弁護側はまず、起訴前に行われた和田医師の精神鑑定を「信用できない」と主張した。青葉被告が「闇の人物」について語ったのは和田医師の鑑定後だったため、「闇の人物に関する妄想が考慮されていない」という理由だった。

弁護側は、起訴後に行われた岡田教授の鑑定を信用すべきだと訴えた。「妄想と現実の世界の出来事の区別が全くつかない」「妄想をしっかり確信しており、訂正できない」などの岡田教授の証言を重視し、「事件まで10年以上にわたり妄想の世界で生き、妄想を前提に考え、物事を認識していた」と強調した。

その上で、検察側の主張について反論。犯行をためらったことと善悪の区別ができることとはイコールではないとし、「悪いと思っていても、妄想の世界では区別がつかないこともある」と主張した。また、他の凶悪事件でもみられる「妄想が直接犯行を指示した」「犯行に及ばなければ自分がやられる」といった状況がなくても、「妄想の圧倒的な影響で犯行に及ぶことはありうる」と説明。青葉被告が公判で「今はやりすぎたと思っている」と述べたことと、犯行当時、刑事責任能力があったことは結びつかないとも強調した。

検察側と弁護側の中間意見を踏まえて、裁判官と裁判員は非公開の中間評議を行い、刑事責任能力の有無について結論を出したとみられる。その内容は、24年1月25日の判決で明らかにされた。導き出されたのは、「刑事責任能力はあった」との結論だった。

判決はまず、起訴前の和田医師の鑑定について、「闇の人物」に関して検討されていないことから、「重要な前提条件が欠けており、妄想に関する部分は採用できない」と判断した。そして、起訴後の岡田教授の鑑定を重点的に検討した。

岡田教授の鑑定は、青葉被告が事件当時、妄想性障害だったとする一方、人柄や物の見方、行動パターンは「発症後に急に変化するものではない」とも述べていた。判決は、生活が困窮して追い詰められていった青葉被告が周囲から孤立する中、自分の応募した小説を落選させた上、アイデアを盗用した京アニや監督を許すことができず、京アニを攻撃しなければならないという考えに至ったと認定。アイデアの盗用といった妄想が動機の形成に影響したと指摘した。

だが、「京アニ全体への放火殺人」という手段の選択に、妄想は影響していないとした。青葉被告は、幼少期の虐待や派遣切りなどの経験から、「攻撃的な性格傾向を持っていた」と指摘。自身と境遇が似ている秋葉原無差別殺傷事件の犯人に共感し、自身の考え方や他の事件の知識などから、大量殺人という方法を選択しており、その選択には妄想の影響はほとんど認められないと判断した。

また犯行当時、放火殺人を「よからぬこと」と考え、「良心の呵責」があり、犯行直前に逡巡したとの供述を重視。事前に下見をし、犯行に用いる道具を準備していく一連の合理的な行動を見ても、善悪を区別する能力があったと認められるとし、「犯行当時、善悪を区別する能力やその区別に従って犯行を思いとどまる能力は、いずれも著しく低下していなかった」と結論づけた。

判決は、検察側が起訴の根拠とした和田医師の鑑定を退けた上で、心神喪失を訴えた弁護側が重視した岡田教授の鑑定によって、完全責任能力を認めた形となった。

（北澤拓也）

青葉真司被告の生い立ちと社会の出来事

◆生い立ち　◇社会の出来事

年	月	日	
1978	5	16	◆埼玉県浦和市（現・さいたま市）で生まれる
1987			◆両親が離婚。父、兄、妹の4人で生活する。生活困窮
1989	1	8	◇元号が平成に
1991	4		◆中学校入学
1992	4		◆経済的理由で転校。不登校に
1994	4		◆県立高校の定時制に入学。在学中に県庁でアルバイト
1995	1	17	◇阪神・淡路大震災発生
1995年ごろ			◆父がタクシー運転手になり広い部屋に転居。「父は酒癖が悪く、家に帰るのが嫌だった」
1997	11	24	◇山一証券が自主廃業を発表
1998	3		◆定時制高校を皆勤で卒業。「いろんなものに触れられ、いい時代だった」
	4		◆「ゲーム音楽を作る人になりたい」と都内の専門学校に進学。1年で埼玉に戻る。埼玉県内の複数のコンビニでアルバイトをするように
1999	12		◆父が死去も葬儀に出席せず
2004	3	1	◇製造業への人材派遣解禁
2006	8		◆下着の窃盗などで逮捕
2007	3		◆懲役2年執行猶予4年の判決で釈放
	9		◆派遣社員として、茨城、栃木両県内の複数の工場を転々とするようになる
2008	6	8	◇東京・秋葉原で無差別殺傷事件
	9	15	◇米国の投資銀行リーマン・ブラザーズが経営破綻

年	月	日	出来事	社会の出来事
2009	2		郵便局で配達のアルバイトを始めるが、犯罪歴が知られたと思い、すぐにやめる	
	5		京アニ作品「涼宮ハルヒの憂鬱」に感銘を受け、ライトノベルを書き始める	
	8	30		民主党が大勝、政権交代へ
2011	3	11		東日本大震災発生
2012	6	20	茨城県内のコンビニで2万1000円を強盗	
	10	11	水戸刑務所に入所	
	12	16		自民党が大勝、与党に
	12	31	刑務所内で京アニ作品「けいおん!」を鑑賞	
2016	1	23	刑務所を出所。その後、さいたま市の更生保護施設に入所	
	6	30	更生保護施設を退所	
	9	8	京アニ大賞に短編小説を応募、後に落選	
	11	28	京アニ大賞に長編小説を応募、要件を満たさず審査対象外	
2018	1		小説のネタを書きためたノートを燃やす。「小説とも京アニとも関わりたくないと思った」	
2019	5	1		元号が令和に
	6	18	ホームセンターで包丁6本を購入し、大宮駅で無差別殺傷事件を計画するも断念	
	7	14	隣人とトラブル。胸ぐらをつかみ「殺すぞ」	
		15	ATMで5万7000円を出金して京都へ	
		16	京都駅前のホテルに宿泊	
		17	京都の公園で野宿	
		18	京アニ第1スタジオに放火	

著者
朝日新聞取材班

吉村治彦、光墨祥吾、西崎啓太朗、関ゆみん（以上、京都総局）
小河雅臣、山本亮介、左古将規、後藤泰良、長富由希子、北澤拓也、
森下裕介、山本逸生、戸田和敬、堀之内健史、大瀧哲彰、小島弘之、
宮坂知樹、華野優気（以上、大阪社会部・ネットワーク報道本部）

ルポ 京《きょう》アニ放《ほう》火《か》殺《さつ》人《じん》事《じ》件《けん》

2024年11月30日　第1刷発行

著　者　朝日新聞取材班
発行者　宇都宮健太朗
発行所　朝日新聞出版
〒104-8011 東京都中央区築地5-3-2
電　話　03-5541-8814（編集）　03-5540-7793（販売）
印刷所　大日本印刷株式会社

Published in Japan by Asahi Shimbun Publications Inc.
ISBN978-4-02-332381-0